INGLÉS PRÁCTICO

40 SITUACIONES COTIDIANAS · 700 EJERCICIOS

¡Las 2,000 palabras y frases IMPRESCINDIBLES!

AGUILAR

Título original: INGLÉS PRÁCTICO
© 2009, TRIALTEA USA
PO BOX 45 44 02 Miami FL 33245-4402

De esta edición:
D.R. © 2009, Santillana USA Publishing Company, Inc.
2023 NW 84th Avenue
Doral, FL 33122
Teléfono: 305-591-9522
www.alfaguara.net

Aguilar es un sello editorial del Grupo Santillana. Éstas son sus sedes:

Argentina
Av. Leandro N. Alem, 720
C1001AAP Buenos Aires
Tel. (54 11) 4119 50 00
Fax (54 11) 4912 74 40

Bolivia
Avda. Arce, 2333
La Paz
Tel. (591 2) 44 11 22
Fax (591 2) 44 22 08

Colombia
Calle 80, n°10-23
Bogotá
Tel. (57 1) 635 12 00
Fax (57 1) 236 93 82

Costa Rica
La Uruca
Del Edificio de Aviación Civil 200 m
al Oeste
San José de Costa Rica
Tel. (506) 220 42 42 y 220 47 70
Fax (506) 220 13 20

Chile
Dr. Aníbal Ariztía, 1444
Providencia
Santiago de Chile
Telf (56 2) 384 30 00
Fax (56 2) 384 30 60

Ecuador
Avda. Eloy Alfaro, N33-347 y
Avda. 6 de Diciembre
Quito
Tel. (593 2) 244 66 56 y 244 21 54
Fax (593 2) 244 87 91

El Salvador
Siemens, 51
Zona Industrial Santa Elena
Antiguo Cuscatlan - La Libertad
Tel. (503) 2 505 89 y 2 289 89 20
Fax (503) 2 278 60 66

España
Torrelaguna, 60
28043 Madrid
Tel. (34 91) 744 90 60
Fax (34 91) 744 92 24

Estados Unidos
2105 NW 86th Avenue
Doral, FL 33122
Tel. (1 305) 591 95 22 y 591 22 32
Fax (1 305) 591 91 45

Guatemala
7ª avenida, 11-11
Zona n° 9
Guatemala CA
Tel. (502) 24 29 43 00
Fax (502) 24 29 43 43

Honduras
Colonia Tepeyac Contigua a Banco
Cuscatlan - Boulevard Juan Pablo,
frente al Templo Adventista 7° Día,
Casa 1626
Tegucigalpa
Tel. (504) 239 98 84

México
Avda. Universidad, 767
Colonia del Valle
03100 México DF
Tel. (52 55) 54 20 75 30
Fax (52 55) 56 01 10 67

Panamá
Avda Juan Pablo II, n° 15.
Apartado Postal 863199, zona 7
Urbanización Industrial La Locería
- Ciudad de Panamá
Tel. (507) 260 09 45

Paraguay
Avda. Venezuela, 276
Entre Mariscal López y España
Asunción
Tel. y fax (595 21) 213 294 y 214 983

Perú
Avda. San Felipe, 731
Jesús María, Lima
Tel. (51 1) 218 10 14
Fax. (51 1) 463 39 86

Puerto Rico
Avenida Rooselvelt, 1506
Guaynabo 00968
Puerto Rico
Tel. (1 787) 781 98 00
Fax (1 787) 782 61 49

República Dominicana
Juan Sánchez Ramírez, n° 9
Gazcue
Santo Domingo RD
Tel. (1809) 682 13 82 y 221 08 70
Fax (1809) 689 10 22

Uruguay
Constitución, 1889
11800 Montevideo
Uruguay
Tel. (598 2) 402 73 42 y 402 72 71
Fax (598 2) 401 51 86

Venezuela
Avda. Rómulo Gallegos
Edificio Zulia, 1°. Sector Monte
Cristo. Boleita Norte
Caracas
Tel. (58 212) 235 30 33
Fax (58 212) 239 10 51

Diseño de cubierta e interiores: Marina García

ISBN 10: 1-60396-3537
ISBN 13: 978-1603-9635-34

Primera edición: Mayo de 2009

Introducción

Estimado amigo,

Si estás buscando una forma rápida de aprender el inglés que necesitas para resolver las situaciones que más a menudo te vas a encontrar en Estados Unidos, *Inglés Práctico* es tu solución.

Inglés Práctico es el curso de inglés más rápido y dirigido que nunca hayas visto. Hemos seleccionado para ti más de 2,000 palabras y frases esenciales que usarás todo el tiempo en Estados Unidos. Para hacértelo aún más fácil, hemos buscado aquellas 40 situaciones y actividades más comunes que te encontrarás en tu vida diaria.

Así, en cada una de las 40 situaciones y actividades del curso, descubrirás las 25 palabras y las 25 frases que más vas a utilizar. Conocerás cómo se dicen esas palabras y frases esenciales en inglés, y también te enseñaremos a pronunciarlas correctamente. En muy poco tiempo, aprenderás todo lo que necesitas para desenvolverte con soltura en todas estas situaciones y conseguirás entender y hacerte entender en inglés sin ningún problema.

También te hemos planteado más de 700 ejercicios a lo largo del curso, para que afirmes lo que has aprendido y para orientarte en el correcto desarrollo de las lecciones.

No demores más, que el curso va a toda velocidad. Verás que vas a aprender mucho y muy rápido.

Con cariño,

Daniela Vives
Directora
Universidad del Inglés

Indice

Índice

Índice

Indice

Indice

UNIDADES TEMÁTICAS

Palabras más usadas, Frases más comunes, Apuntes de Gramática y Ejercicios

Unit 1

Getting official documents
Obtener documentos oficiales

Los documentos de identidad que debes obtener en cuanto te sea posible son: la tarjeta del seguro social, que te servirá para obtener otros documentos y servicios sociales y te permitirá trabajar sin restricciones; la licencia de conducir, que podrás presentar cada vez que debas mostrar un documento de identidad; y, en caso de que no conduzcas, la tarjeta de identificación. También necesitarás el pasaporte y los certificados de nacimiento, defunción, matrimonio y divorcio. El vocabulario que encontrarás en esta unidad te ayudará a gestionar todos los documentos que necesites.

Palabras más usadas

Social services
(sóushel sé:rvisiz)
servicios sociales

Insurance card
(inshó:rens ka:rd)
tarjeta del seguro

Social security card
(sóushel sikyú:reri ka:rd)
tarjeta del seguro social

Proof of your identity
(pru:f ev yo:r aidéntiti)
prueba de su identidad

Driver's license
(dráiverz láisens)
licencia de conductor

Marriage certificate
(mærish se:rtífikit)
certificado de matrimonio

Identification/ID card
(aidéntifikéishen/ái di: ka:rd)
tarjeta de identificación

Name change
(néim chéinsh) cambio de nombre

Passport
(pæspo:rt) pasaporte

Divorce certificate
(divó:rs se:rtífikit)
certificado de divorcio

Proof of date of birth (pru:f ev **dé**it ev be:rz) certificado de fecha de nacimiento	**Medical records** (**mé**dikel **ré**ke:rdz) historial médico
Dependent children (**di**pén**d**ent chíl**d**ren) hijos a cargo	**Medical exam** (**mé**dikel iksæm) examen médico
Certified copy (sé:rtifáid ká:pi) copia certificada	**Expiration** (ekspiréishen) vencimiento
Employee ID card (imploi: aí **d**i: ka:r**d**) tarjeta de identificación de empleado	**Renewal** (rinú:el) renovación
	Hearing test (jí:ring test) examen de audición
Health insurance card (**j**el**z** inshó:rens ka:r**d**) tarjeta del seguro de salud	**Vision test** (víshen test) examen de la vista
Insurance policy (inshó:rens pá:lesi) póliza de seguros	**Road test** (róu**d** test) examen sobre reglamento vial
Voter registration card (vóure:r registréishen ka:r**d**) tarjeta de votación	**Claim** (kléim) reclamar/reclamo
Life insurance policy (láif inshó:rens pá:lesi) póliza de seguro de vida	**Retirement plan** (ritáirment plæn) plan de retiro
Driving record (**d**ráiving réke:r**d**) antecedentes de un conductor	**Collect benefits** (kelékt bénefits) cobrar beneficios

Frases más comunes

Apply in person
presentar una solicitud
en persona

Apply online
presentar una solicitud
por Internet

**How do I get a social
security card?**
¿cómo obtengo una tarjeta
de seguro social?

**What happens if
I lose my card?**
¿qué ocurre si pierdo
mi tarjeta?

**How can I get a certified
copy of a birth certificate?**
¿cómo puedo obtener una
copia certificada del
certificado de nacimiento?

How do I change my address?
¿cómo puedo cambiar
mi dirección?

Where can I get the forms?
¿dónde puedo obtener los
formularios?

Where do I mail the forms?
¿adónde envío los formularios?

**Can I complete the
applications online?**
¿puedo completar las
solicitudes por Internet?

**Where do I apply for
a driver's license?**
¿dónde solicito una
licencia de conductor?

Do I have to pass any tests?
¿debo aprobar algún examen?

**What happens if
I fail the test?:**
¿qué ocurre si no apruebo
el examen?

Where do I take the tests?
¿dónde se toman los exámenes?

Renew the license
renovar la licencia

Is there an application fee?
¿se debe pagar un arancel
por la solicitud?

Receive disability benefits
recibir beneficios por
incapacidad.

**What kind of license
should I apply for?**
¿qué tipo de licencia
debo solicitar?

**What's a social security
statement?**
¿qué es una declaración
de seguro social?

When will my license expire?
¿cuándo vence mi licencia?

**How can I calculate
my benefits?**
¿cómo puedo calcular
mis beneficios?

What's the retirement age?
¿cuál es la edad de retiro?

 Apuntes de Gramática

Para formar el pasado de algunos verbos, debes agregar **-ed** al verbo:

Pass (aprobar): passed (aprobó)
He passed the driving test: él aprobó el examen de conducción.

Change (cambiar): changed (cambió)
She changed her address: ella cambió su domicilio.

Si el verbo termina con **-e** debes agregar solamente **-d**:

Calculate (calcular): calculated (calculó)
I calculated my benefits: calculé mis beneficios.

Practica con estos ejercicios

1 Une con una línea las palabras y frases en inglés con su significado en español

Insurance policy	a		1	licencia de conductor
Marriage certificate	b		2	tarjeta de identificación
Driver's license	c		3	tarjeta del seguro social
ID card	d		4	certificado de matrimonio
Certified copy	e		5	copia certificada
Social security card	f		6	póliza de seguros

2 Elige la palabra o frase correcta que corresponda en cada caso

a. Antecedentes de un conductor
1. driver's license
2. insurance policy
3. driving record

d. Tarjeta del seguro de salud
1. insurance card
2. certified copy
3. health insurance card

b. Prueba de su identidad
1. proof of date of birth
2. proof of your identity
3. certified copy

e. Servicios sociales
1. insurance policy
2. social services
3. social security card

c. Renovación
1. renewal
2. expiration
3. claim

f. Examen de audición
1. road test
2. vision test
3. hearing test.

Las respuestas (Key) están al pie de la página siguiente.

Unit 1

3 Escribe en inglés estas frases que aparecen en la lista

a. ¿Adónde envío los formularios?

b. ¿Cómo puedo calcular mis beneficios?

c. ¿Dónde solicito una licencia de conductor?

d. ¿Dónde puedo obtener los formularios?

e. ¿Cómo obtengo una tarjeta de seguro social?

f. Presentar una solicitud en persona.

Felicitaciones!

Has terminado con éxito la **Unidad 1**, donde aprendiste las **palabras más usadas** y las **frases más comunes** para Obtener documentos oficiales

Key

3. / 2. a-3; b-2; c-1; d-3; e-2; f-3. / 3. a-Where do I mail the forms?; b-How can I calculate my benefits?; c-Where do I apply for a driver's license?; d-Where can I get the forms?; e-How do I get a social security card?; f-Apply in person.

1. a-6; b-4; c-1; d-2; e-5; f-

Unit 2

Looking for a Job

Buscar trabajo

Buscar empleo es una tarea que requiere tiempo y dedicación. Podrás comenzar leyendo los avisos clasificados de los periódicos, preguntar si necesitan empleados en empresas en las que te interesaría trabajar, navegar por Internet o preguntarle a amigos y familiares, entre otros. Cualquiera sea el caso, será conveniente que redactes un currículum que describa tus estudios y experiencia con claridad, y que estés preparado para hablar sobre tus habilidades en una entrevista. Encontrarás muy útil, por lo tanto, conocer las expresiones y palabras más frecuentes que te ayudarán a desenvolverte mejor en el mundo laboral.

Palabras más usadas

Work
(we:rk) trabajar

Job opportunities
(sha:b a:pe:rtú:neriz)
oportunidades de empleo

Application
(eplikéishen)
solicitud de empleo

Job
(shá:b) trabajo

Skills
(skillz) habilidades

Work permit
(we:rk pé:rmit)
permiso de trabajo

Résumé
(rézumei)
currículum vitae

Job advertisements/Ads
(sha:b ædve:rtáizments/ædz)
avisos de búsqueda de empleo

Post/Position
(póust/pezi:shen)
puesto

Interview
(ínne:rviu:) entrevista

Hire
(jáir) contratar

Employee
(imploí:)
empleado/empleada

Employer
(implá:ie:r) empleador

Employment
(implóiment) empleo

Pay
(péi) pagar/salario

Wage/salary
(wéish/sǽleri) salario

Pay raise
(péi réiz)
aumento de salario

Promotion
(premóushen) ascenso

Overtime
(óuve:rtáim) horas extra

Leave
(li:v) licencia

Notice
(nóuris) notificación

Fire
(fáir) despedir
(por incumplimiento/
mala conducta)

Lay off
(léi a:f) despedir/despido
(por causas ajenas al
empleado)

Resign
(rizáin) renunciar

Severance pay
(séve:rens péi)
indemnización
por despido

Frases más comunes

Look for/search for a job
buscar trabajo

What's your present job?
¿cuál es su trabajo actual?

Are you hiring?
¿están buscando empleados?

Do you have any references?
¿tiene alguna referencia?

Apply for a job
postularse para un trabajo

What do you do?
¿cuál es su trabajo?

Fill out an employment application
completar una solicitud de trabajo

When can you start?
¿cuándo puede comenzar?

My current position/job is...
mi puesto/trabajo actual es...

I'd like to make an appointment
me gustaría concertar una cita

I work for (a company)
trabajar para (una empresa)

I work in (type of job)
trabajar en (tipo de trabajo)

Tell me about your experience
cuénteme sobre su experiencia

Do I have to work overtime?
¿tengo que trabajar horas extra?

Do I have to work shifts?
¿tengo que trabajar
por turnos?

What are the hours?
¿cuál es el horario
de trabajo?

What would my duties be?
¿cuáles serían mis
obligaciones?

**Is this a part-time or
a full-time job?**
¿es un trabajo part-time
o full-time?

Will I receive benefits?
¿recibiré beneficios?

Join a company
ingresar en una empresa

Earn a living
ganarse la vida

Quit your job
dejar tu trabajo

Lose your job
perder tu trabajo

I'm unemployed
no tengo trabajo

**I'm receiving
unemployment**
estoy recibiendo el
seguro por desempleo

Apuntes de Gramática

**Debes siempre usar «a» o «an» delante
de trabajos u ocupaciones:**

Si la palabra que sigue comienza con consonante, debes usar «a»:

I'm a construction worker:
soy un empleado de la construcción.

Si la palabra que sigue comienza con vocal, debes usar «an»:

I'm an actor: soy actor.

Practica con estos ejercicios

1 Une con una línea las palabras y frases en inglés con su significado en español

Job opportunities	a	1	buscar trabajo
Wage	b	2	permiso de trabajo
Work permit	c	3	salario
Which is your present job?	d	4	oportunidades laborales
Look for a job	e	5	dejar tu trabajo
Quit your job	f	6	¿cuál es su trabajo actual?

2 Elige la palabra o frase correcta que corresponda en cada caso

a. Contratar
1. fire
2. hire
3. lay off

d. Solicitud
1. advertisement
2. application
3. résumé

b. Habilidades
1. opportunities
2. experience
3. skills

e. Licencia
1. leave
2. pay
3. permit

c. Empleado
1. employee
2. employer
3. employment

f. Aumento de sueldo
1. severance pay
2. lay off
3. pay raise

3 Escribe en inglés estas frases que aparecen en la lista

a. Buscar trabajo.

_____

b. ¿Tengo que trabajar por turnos?

_____

c. Postularse para un trabajo.

_____

d. Ingresar en una empresa.

_____

e. ¿Cuál es su trabajo actual?

_____

f. Completar una solicitud de trabajo.

_____

Felicitaciones!

Has terminado con éxito la **Unidad 2**, donde aprendiste las **palabras más usadas** y las **frases más comunes** para Buscar trabajo.

Unit 3

Buying a house
Comprar una vivienda

La compra de una vivienda es un paso muy importante para quienes quieren establecerse permanentemente en el país. Antes de comenzar la búsqueda, será conveniente que definas el tipo de vivienda que necesitas, el lugar donde quieres vivir y el dinero que te hace falta para comprarla. Luego, si tienes un empleo y un historial de crédito, podrás generar una hipoteca o solicitar un préstamo. Para concretar la compra, es aconsejable que cuentes con el asesoramiento de un agente de bienes raíces, quien te hará ahorrar tiempo y dinero. El vocabulario que seleccionamos te ayudará a desenvolverte con mayor seguridad y a aclarar las dudas que tengas durante el proceso de compra.

Palabras más usadas

Real estate
(rí:el istéit)
bienes raíces, inmuebles

Real estate agency
(rí:el i:stéit éishensi)
agencia inmobiliaria

Real estate agent/Realtor
(rí:el istéit éishent/ri:elto:r)
agente inmobiliario

Homeowner
(jóumoune:r)
propietario/propietaria

Buy
(bái) comprar

Sell
(sel) vender

Offer
(á:fe:r) ofrecer/oferta

Mortgage
(mó:rgish) hipoteca

Loan
(lóun) préstamo

Qualify
(kuá:lifai) reunir los requisitos para recibir un préstamo

Pre-approval
(pri:eprú:vel) preaprobación

Approval
(aprú:vel)aprobación

Rate
(réit) tasa

Walk-through
(wa:k zru:) inspección de una casa antes de su compra

Homeowners insurance
(jóumoune:rz inshórens) seguro para propietarios de vivienda

Down payment
(dáun péiment) adelanto

Agreement/Contract
(egrí:ment/ká:ntrekt) contrato

Closing
(klóuzing) cierre de una transacción

Deed
(di:d) escritura

Commission
(kemí:shen) comisión

Condominium/Condo
(ka:ndemíniem/ká:ndou) condominio, conjunto residencial con servicios comunes

Single family home
(single fæmili jóum) casa unifamiliar

Studio
(stú:diou) estudio, habitación con cocina y baño

Townhouse
(táunjaus) casa pequeña unida por su construcción a otra

Sell as is
(sél ez iz) vender una propiedad en el estado en que se encuentra

Frases más comunes

How much can you afford?
¿cuánto puede invertir?

Figure out how much
you can spend
calcular cuánto puede gastar

Decide the price range
decidir el rango de precios

Shop for a loan
buscar un préstamo

What's the interest rate?
¿cuál es la tasa de interés?

What's the term of the loan?
¿cuál es el plazo del préstamo?

Is the loan fixed or
adjustable?
¿el préstamo es fijo
o variable?

Does the payment
have a grace period?
¿el pago tiene un
período de gracia?

For how long do I have
a fixed rate?
¿por cuánto tiempo
tengo una tasa fija?

Compare costs
comparar costos

Make an offer
hacer una oferta

Accept an offer
aceptar una oferta

Negotiate for the best deal
negociar el mejor contrato

Get pre-approved
for a mortgage
estar preaprobado
para una hipoteca

Drive around the
neighborhood
recorrer el vecindario

How many rooms does it have?
¿cuántas habitaciones tiene?

Does it have a back
and front yard?
¿tiene un parque trasero
y delantero?

Narrow down your search
focalice su búsqueda

Get a home inspection
conseguir una inspección

Shop for homeowners insurance
buscar un seguro para propietarios de vivienda

What kind of taxes do I have to pay?
¿qué tipo de impuestos debo pagar?

Pay property tax
pagar el impuesto a la propiedad

When can I move in?
¿cuándo puedo mudarme?

Move to a new house
mudarse a una casa nueva

Find a moving company
encontrar una empresa de mudanzas

✔ Apuntes de Gramática

Para preguntar el precio de algo o conocer la cantidad de dinero que necesitas para comprar algo, usas **how much:**

How much is it?/How much does it cost?:
¿cuánto cuesta?

How much can you afford?:
¿cuánto dinero puede invertir?

Figure out how much you can spend:
calcule cuánto dinero puede gastar.

Practica con estos ejercicios

1 Une con una línea las palabras y frases en inglés con su significado en español

Mortgage	a	1		bienes raíces
Loan	b	2		escritura
Walk-through	c	3		hipoteca
Down payment	d	4		préstamo
Deed	e	5		inspección
Real estate	f	6		adelanto

2 Elige la palabra o frase correcta que corresponda en cada caso

a. Propietario
1. homeowner
2. realtor
3. real estate

d. Comprar
1. buy
2. sell
3. offer

b. Casa unifamiliar
1. studio
2. townhouse
3. single family home

e. Tasa
1. offer
2. rate
3. deed

c. Contrato
1. agreement
2. deed
3. approval

f. Preaprobación
1. qualify
2. walk-through
3. pre-approval

Las respuestas (Key) están al pie de la página siguiente.

3 Escribe en inglés estas frases que aparecen en la lista

a. Buscar un préstamo.

b. ¿Cuál es la tasa de interés?

c. ¿Cuántas habitaciones tiene?

d. ¿Qué tipo de impuestos debo pagar?

e. Conseguir una inspección.

f. ¿Cuándo puedo mudarme?

Felicitaciones!

Has terminado con éxito la **Unidad 3**, donde aprendiste las **palabras más usadas** y las **frases más comunes** para **Comprar una vivienda**

Unit 4

Buying a car

Comprar un auto

Si decides comprar un automóvil, tendrás muchas opciones para elegir. Deberás considerar cuidadosamente qué tipo de vehículo necesitas y cuánto dinero puedes gastar. Si quieres comprar un auto nuevo, deberás visitar varios concesionarios, comparar precios y negociar descuentos. Los autos usados también se consiguen en concesionarios, negocios dedicados a la reventa o directamente puedes comprárselo a su dueño. Puedes leer los avisos en los periódicos o consultar en Internet. A continuación, encontrarás las palabras y frases que necesitas para comenzar la búsqueda.

Palabras más usadas

New car
(nu: ka:r)
auto nuevo

Used car/Pre-owned car
(ju:zd/pri:óund ka:r)
auto usado

Black book/Kelley blue book
(blæk buk/kéli blu:buk)
libros con precios
de autos usados

Car dealer/Dealer
(ka:r dí:le:r/dí:le:r)
agencia de
automóviles

Private seller
(práivit séle:r)
vendedor privado

Owner
(óune:r) dueño

Lease
(li:s) arrendar
arrendamiento

Shop around
(sha:p eráund)
averiguar precios

Finance
(fáinæns) financiar

Free price quote
(fri: práis kwóut)
cotización gratis

Price range
(práis réinsh)
rango de precios

Condition
(kendíshen)
condición

Sedan
(sidæn) sedán

SUV
(es yú: vi:) vehículo
deportivo utilitario

Pickup
(píkep) camioneta

Upgrades/Accessories
(ápgreidz/eksése:ri:z)
equipos adicionales/
accesorios

Driver
(dráive:r) conductor

Inspection
(inspékshen) inspección

Registration
(reshistréishen)
inscripción

Extended warranty
(iksténdid wó:renti)
garantía extendida

Vehicle history
(ví:ikel jísteri)
historial de un auto

License plate
(láisens pléit)
placa/patente

Full coverage
(ful kávrish) cobertura total

Liability coverage
(laiebíliri kávrish)
seguro contra terceros

Insurance premium
(inshórens prí:miem)
prima del seguro

Frases más comunes

Buy/Get a new car
comprar un auto nuevo

Buy a car online
comprar un auto por Internet

What make and model are you looking for?
¿qué marca y modelo está buscando?

How much can you afford to pay?
¿cuánto puede pagar?

Where can I find price quotes?
¿dónde puedo encontrar cotizaciones?

How much is my old car worth?
¿cuánto cuesta mi auto usado?

Are you interested in leasing a car?
¿le interesa comprar un auto por medio de leasing?

The car is in excellent condition
el auto está en excelentes condiciones

What's the mileage
¿cuál es el millaje?

Do you want automatic or manual?
¿quiere dirección automática o manual?

Are there any special features you are looking for?
¿busca alguna característica en especial?

Does it have a sunroof?
¿tiene techo corredizo?

Can I take it for a test drive?
¿puedo dar una vuelta de prueba?

Negotiate a better deal
negociar una mejor operación

What is the Black Book price?
¿cuál es el precio en el Black Book?

Do you have any promotions?
¿tiene alguna promoción?

Do you offer extended warranty?
¿ofrecen una extensión de la garantía?

Is there an installment plan?
¿hay un plan en cuotas?

Make a down payment
pagar un adelanto

I'm working with in a budget
necesito comprar dentro de este presupuesto

Take out a loan
solicitar un préstamo

What is my monthly payment?
¿cuál es el pago mensual?

What's the term of the loan?
¿cuál es el plazo del préstamo?

What kind of insurance do I need?
¿qué clase de seguro necesito?

Choose the right coverage
elegir la cobertura apropiada

✔ Apuntes de Gramática

Para formar **comparativos** con palabras cortas, debes agregar **-er** o **-er +than** (que) a la palabra:

Old (viejo): old**er** (más viejo) / old**er than** (más viejo que).

This car is older: este auto es más viejo.
This car is older than yours: este auto es más viejo que el tuyo.

Si la palabra es más larga, debes usar **more** (más) o **less** (menos) o **more/less +than** (que):

Expensive (caro): **more** expensive (más caro) / **more** expensive **than** (más caro que).

This model is more expensive than that one: este modelo es más caro que aquel.

Practica con estos ejercicios

1 | Une con una línea las palabras y frases en inglés con su significado en español

Pre-owned car	a		1	seguro contra terceros
Black Book	b		2	garantía extendida
Car dealer	c		3	cotización gratis
Free price quote	d		4	agencia de automóviles
Extended warranty	e		5	libro con precios de autos usados
Liability coverage	f		6	auto usado

2 | Elige la palabra o frase correcta que corresponda en cada caso

a. Concesionaria de automóviles
1. car dealer
2. private seller
3. owner

d. Accesorios
1. lease
2. upgrades
3. lease

b. Seguro contra terceros
1. insurance premium
2. liability coverage
3. full coverage

e. Dueño
1. dealer
2. driver
3. owner

c. Averiguar precios
1. lease
2. finance
3. shop around

f. Inscripción
1. extended warranty
2. inspection
3. registration

Las respuestas (Key) están al pie de la página siguiente.

3 Escribe en inglés estas frases que aparecen en la lista

a. ¿Qué clase de seguro necesito?

_____

b. ¿Cuál es el plazo del préstamo?

_____

c. Necesito comprar dentro de este presupuesto.

_____

d. ¿Puedo dar una vuelta de prueba?

_____

e. Comprar un auto nuevo.

_____

f. ¿Cuál es el pago mensual?

_____

Felicitaciones!

Has terminado con
éxito la **Unidad 4**,
donde aprendiste las
palabras más usadas
y las **frases más
comunes** para
Comprar un auto

Unit 5

The mechanic

El mecánico

Los automóviles suelen darnos sorpresas desagradables en las situaciones en que menos lo esperamos: que salga humo por debajo del capó, que recaliente el motor, que no funcionen bien los frenos, que haya ruidos extraños y una lista interminable de problemas. Seguramente evitaríamos muchas de estas situaciones si lleváramos nuestro automóvil al taller con más frecuencia, donde un buen mecánico podría repararlo, hacerle un mantenimiento adecuado y explicar lo que le ocurrió a nuestro auto y la reparación que realizó. Fíjate en el vocabulario comúnmente usado en estas situaciones.

Palabras más usadas

Car
(ka:r) auto

Import
(ímpo:rt)
auto importado

Shop
(sha:p) taller

Parts
(pa:rts) partes

Estimate
(éstimeit) presupuestar/
presupuesto

Hood
(ju:d) capó

Clutch
(klach) embrague

Body
(bá:di) carrocería

Bumper
(bámpe:r) parachoque

Transmission
(trænsmíshen) transmisión

Radiator (reidiéire:r) radiador	**Wrench** (rénch) llave para tuercas
Brake (bréik) freno	**Jumper cables** (shámpe:r kéibels) cables de arranque de batería
Battery (bære:ri) batería	
Blinker (blínke:r) luz intermitente	**Oil** (óil) aceite
Flat tire (flæt táir) llanta pinchada/ponchada	**Gasoline** (gæselin) gasolina

Paint
(péint)
pintar/pintura

	Inspection (inspékshen) inspección
Overheat (ouve:rjít) recalentar	**Registration** (reshistréishen) registro
Cooling fluid (kú:ling fluid) líquido refrigerante	**Insurance** (inshó:rens) seguro

Frases más comunes

My car broke down
mi auto no funciona

The car is being towed to your shop
están remolcando el auto hasta su taller

My car is making a weird noise
mi auto hace un ruido extraño

I'm here for an inspection
vine para una inspección

Leave your car here
deje su auto aquí

Do you service imports?
¿reparan autos importados?

Can you fix this?
¿puede arreglar esto?

I need an estimate
necesito un presupuesto

We have no appointments for today
no tenemos turnos para hoy

This looks like a total loss
esto parece pérdida total

There is smoke coming out of the hood
sale humo por debajo del capó

My brakes are not working
los frenos no funcionan

It needs a new coat of paint
necesita otra capa de pintura

Can you change the oil?
¿puede cambiar el aceite?

Can you rotate the tires
¿puede rotar las llantas?

We won't be able to help you
no podremos ayudarlo

Take out everything you need from your car
retire todo lo que necesita de su auto

How much will it cost?
¿cuánto costará?

I'll have to order the parts
tendré que ordenar las partes

How much is labor?
¿cuánto cuesta la mano de obra?

How long will it take to fix it?
¿cuánto tiempo le llevará arreglarlo?

When will my car be ready?
¿cuándo estará listo mi auto?

Do you have insurance?
¿tiene seguro?

Leave your contact information, please
déjenos sus datos para contactarlo, por favor

We're not open on Sundays
no abrimos los domingos

 Apuntes de Gramática

Al hablar debes usar las formas contraídas del verbo, tanto en afirmativo como en negativo. Fíjate en estos ejemplos:

I am: **I'm**
You are: **you're**
You do not: **you don't**
I will: **I'll**
I would like: **I'd like**

I am not: **I'm not**
We are not: **we're not/we aren't**
He does not: **he doesn't**
She will not: **she won't**
We would not like: **we wouldn't like**

Practica con estos ejercicios

1 Une con una línea las palabras y frases en inglés con su significado en español

Shop	a		1	seguro
Insurance	b		2	presupuesto
Oil	c		3	capó
Flat tire	d		4	taller
Hood	e		5	llanta pinchada
Estimate	f		6	aceite

2 Elige la palabra o frase correcta que corresponda en cada caso

a. Seguro
1. registration
2. inspection
3. insurance

d. Parachoque
1. bumper
2. blinker
3. body

b. Registro
1. estimate
2. registration
3. inspection

e. Carrocería
1. transmission
2. body
3. battery

c. Llave para tuercas
1. clutch
2. wrench
3. jumper cables

f. Embrague
1. hood
2. clutch
3. brake

3 · Escribe en inglés estas frases que aparecen en la lista

a. ¿Cuánto cuesta la mano de obra?

_____

b. ¿Puede cambiar el aceite?

_____

c. ¿Cuándo estará listo mi auto?

_____

d. Los frenos no funcionan.

_____

e. ¿Puede arreglar esto?

_____

f. Mi auto no funciona.

_____

Felicitaciones!

Has terminado con éxito la **Unidad 5**, donde aprendiste las **palabras más usadas** y las **frases más comunes** para utilizar con **El mecánico**

Unit 6

The Car Wash
El lavadero de autos

A todos nos gusta tener nuestro auto limpio y brillante, por dentro y por fuera. Hoy en día, los lavaderos de autos tienen máquinas que lavan la parte externa de los automóviles, les aplican cera, los lustran y disimulan rayas, limpian las ruedas y también el motor, si así lo solicitamos. También limpian manualmente las alfombras, los asientos y el tablero, y perfuman el interior para que parezca que recién salimos de la agencia donde lo compramos. Los lavaderos ofrecen varios servicios con precios diferentes, de acuerdo a cada necesidad. En estas listas, incluimos palabras y frases frecuentes que puedes usar o escuchar en un lavadero.

Palabras más usadas

Drive-thru
(dráiv zru:)
lavado automático

Hand wash
(jænd wa:sh)
lavado manual

Detail
(di:téil)
lavado completo

Quick service
(kuík sé:rvis)
servicio rápido

Bucket
(bákit) balde

Soap suds
(sóup sad) espuma

Sponge
(spansh) esponja

Brush
(brash) cepillo

Vacuum
(vækyu:m)
pasar la aspiradora

Wax
(wæks) encerar/cera

Polish
(pá:lish) lustrar

Buff
(baf) lustrar
para sacar rayas

Spray
(spréi) rociar

Dry
(drái) secar

Wipe down
(wáip dáun)
limpiar con un paño

Interior
(intírie:r) interior

Exterior
(ikstírie:r) exterior

Windshield
(wíndshi:ld)
parabrisas

Tire
(táie:r)
llanta/neumático

Hub caps
(jab kaps) tazas

Mirror
(míre:r) espejo

Windows
(wíndouz) ventanillas

Floor mats
(flo:r mæts) alfombras

Scratch
(skrætch) raya

Air dry
(er drái) secado al aire

Frases más comunes

I want a detail job
on my car
quiero un lavado
completo de mi auto

Make sure windows and
sunroof are shut
asegúrese de cerrar las
ventanillas y el techo
deslizable

What type of washes
do you have?
¿qué tipo de lavados tienen?

Remove all valuables
from your car
llévese todos los objetos de
valor que haya en su auto

Please see attendant
por favor, vea al empleado

Lower your antenna
baje la antena

Drive forward
moverse hacia adelante

Enter your pin
ingrese su clave

Can I have your car keys?
¿puede darme las llaves
de su auto?

Clean outside only
limpiar afuera solamente

Brush in between spokes
cepillar entre las
divisiones de la taza

Buff out scratches
lustrar las rayas

Wait time is about
15 minutes
el tiempo de espera
es de aproximadamente
15 minutos

Wipe down leather
limpiar el cuero

Vacuum cloth seats
pasar la aspiradora por
los asientos de tela

Put your car in neutral
ponga su auto en neutro

Wipe down dashboard
limpiar el tablero

Scrub the floor mats
limpiar las alfombras

Use air refreshener/scent
usar desodorante para autos

Do you want your engine to be cleaned?
¿quiere que lavemos el motor?

What kind of scent do you want?
¿qué tipo de perfume quiere?

Would you like a wax finish?
¿le gustaría una terminación encerada?

Clean out trash
limpiar la suciedad

Tips not included
no se incluyen las propinas

Cash only accepted
solo se acepta efectivo

 Apuntes de Gramática

Puedes decir «muchas gracias» usando estas expresiones:

Thank you very much

Thank you

Thanks a lot

Thanks

Para decir «no tienes por qué» puedes usar alguna de estas expresiones:

You're welcome

That's OK

No problem

Anytime

Practica con estos ejercicios

1 Une con una línea las palabras y frases en inglés con su significado en español

Scent	a	1	lustrar
Windshield	b	2	lavado automático
Floor mats	c	3	desodorante para autos
Polish	d	4	alfombras
Detail	e	5	parabrisas
Drive-thru	f	6	lavado completo

2 Elige la palabra o frase correcta que corresponda en cada caso

a. Servicio rápido
1. detail
2. quick service
3. drive-thru

d. Lavado manual
1. hand wash
2. detail
3. drive-thru

b. Cera
1. polish
2. brush
3. wax

e. Limpiar con un paño
1. wipe down
2. buff
3. spray

c. Secar
1. spray
2. dry
3. vacuum

f. Espejo
1. hub caps
2. window
3. mirror

Las respuestas (Key) están al pie de la página siguiente.

3   Escribe en inglés estas frases que aparecen en la lista

a. ¿Quiere que lavemos el motor?

_____

b. Baje la antena.

_____

c. Ponga su auto en neutro.

_____

d. ¿Puede darme las llaves del auto?

_____

e. Limpiar el tablero.

_____

f. Lustrar las rayas.

_____

Key

1. a-3; b-5; c-4; d-1; e-6; f-2.
2. a-2; b-3; c-2; d-1; e-1; f-3.
3. a-Do you want your engine to be cleaned?; b-Lower your antenna; c- Put your car in neutral; d-Can I have your car keys?; e-Wipe down dashboard; f-Buff out scratches.

¡Felicitaciones!

Has terminado con éxito la **Unidad 6**, donde aprendiste las **palabras más usadas** y las **frases más comunes** para utilizar en **El lavadero de autos**

Unit 7

At the bank
En el banco

Los bancos hoy en día ofrecen variados servicios en sus sucursales, por teléfono o Internet. Por ejemplo, cuando quieras abrir una cuenta, solicitar un préstamo o transferir dinero, podrás acercarte hasta el banco que elijas y consultar cuáles son los diferentes tipos de cuentas que ofrecen, qué requisitos debes cumplir para solicitar un préstamo y de qué manera puedes hacer transferencias de dinero. También puedes obtener tarjetas de crédito y de débito; esta última te servirá para extraer dinero de los cajeros automáticos. Y además, puedes pagar tus cuentas por Internet, usando el servicio de banca electrónica. Sigue leyendo y encontrarás ejemplos simples y claros del lenguaje que puedes usar para operar con un banco.

Palabras más usadas

Bank account
(bænk ekáunt)
cuenta bancaria

Checking account
(chéking ekáunt)
cuenta corriente

Savings account
(séivingz ekáunt)
caja de ahorro

Joint account
(shóint ekáunt)
cuenta conjunta

Statement
(stéitment) extracto bancario

Balance
(bælens) saldo

Fees
(fi:z) honorarios/costos

Cost
(ka:st) costos

Check/Debit card
(chek/débit ka:rd)
tarjeta de débito

ATM
(éi-ti:-em)
cajero automático

Check
(chek) cheque

Checkbook
(chékbuk) chequera

Endorse
(indó:rs) endosar

Safety deposit box
(séifti dipá:zit ba:ks)
caja de seguridad

Credit
(krédit) crédito

Credit history
(krédit jísteri)
historial crediticio

Credit report
(krédit ripó:rt) informe del
historial crediticio

Credit score/rating
(krédit sko:r/réiting)
puntaje para obtener
un crédito

Deposit
(dipá:zit) depositar/depósito

Holder
(jóulde:r)
titular de la cuenta

Interest rate
(íntre:st réit)
tasa de interés

Loan application
(lóun eplikéishen)
formulario de solicitud
de un préstamo

Pre-approved
(pri:eprú:vd)
preaprobado

Requirement
(rikuáirment) requisito

Cashier's check
(keshíe:rz chek)
cheque de caja

Frases más comunes

What do I need to apply for an account?
¿qué necesito para solicitar una cuenta?

Can I apply online or by phone?
¿puedo solicitarla por Internet o por teléfono?

How can I open a bank account?
¿cómo puedo abrir una cuenta bancaria?

Can I open a joint account?
¿puedo abrir una cuenta conjunta?

What kind of accounts do you offer?
¿qué clase de cuentas ofrecen?

What's the required initial deposit?
¿cuál es el depósito inicial requerido?

How much is the accounts fee?
¿cuáles son los costos de la cuenta?

Get a monthly statement
obtener un extracto mensual

Use our telephone banking services
use nuestros servicios bancarios telefónicos

Do you have online banking services?
¿tienen servicios bancarios por Internet?

What are the maintenance fees?
¿cuáles son los costos por mantenimiento?

What's the limit for money transfers?
¿cuál es el límite para las transferencias?

Take money out/withdraw money
retirar dinero de la cuenta

How much can I withdraw per month?
¿cuánto puedo retirar por mes?

Write out a check
completar un cheque

Are additional credit cards free of charge?
¿las tarjetas de crédito adicionales son sin cargo?

Where should I call if I lose my debit card?
¿dónde debo llamar si pierdo mi tarjeta de débito?

What should I do if my credit card is stolen?
¿qué debo hacer si me roban la tarjeta de crédito?

Cancel your credit and debit cards
cancele sus tarjetas de crédito y débito

How can I pay my bills?
¿cómo puedo pagar mis facturas?

Make electronic payments
hacer pagos electrónicos

Sign up for automatic bill payment
registrarse para el pago automático de facturas

Keep your deposit slips
conserve sus recibos de depósito

What's the exchange rate?
¿cuál es la tasa de cambio?

Go bankrupt
entrar en bancarrota

Charges for late payment
recargos por pago atrasado

 Apuntes de Gramática

Cuando describes lo que haces habitualmente en el presente, lo expresas de esta manera:
I wake up at 8 every day: me levanto a las 8 todos los días.
I sleep late on Sundays: duermo hasta tarde los domingos.

Si usas **he**, **she** o **it**, debes agregarle una «s» al verbo:

He wakes up at 8 every day: él se levanta a las 8 todos los días.
She sleeps late on Sundays: ella duerme hasta tarde los domingos.

Podrás usar también expresiones como **always** (siempre), **every day** (todos los días), **often** (a menudo).

Practica con estos ejercicios

1 Une con una línea las palabras y frases en inglés con su significado en español

Savings account	a	1	puntaje para obtener un crédito
Loan application	b	2	formulario de solicitud de un préstamo
Bank account	c	3	informe del historial crediticio
Credit score	d	4	cuenta corriente
Checking account	e	5	caja de ahorro
Credit report	f	6	cuenta bancaria

2 Elige la palabra o frase correcta que corresponda en cada caso

a. Saldo
1. statement
2. fee
3. balance

d. Tasa de interés
1. interest rate
2. cashier's check
3. bank account

b. Titular
1. cashier
2. joint account
3. holder

e. Crédito
1. loan
2. savings
3. credit

c. Endosar
1. deposit
2. endorse
3. cost

f. Cheque
1. check
2. checkbook
3. fee

Las respuestas (Key) están al pie de la página siguiente.

3 Escribe en inglés estas frases que aparecen en la lista

a. Completar un cheque.

_____

b. ¿Cómo puedo pagar mis facturas?

_____

c. Retirar dinero de la cuenta.

_____

d. Recargos por pago atrasado.

_____

e. ¿Cuál es la tasa de cambio?

_____

f. ¿Qué clase de cuentas ofrecen?

_____

Key

3. a-Write out a check; b-How can I pay my bills?; c-Take out/withdraw money; d-Charges for late payment; e-What's the exchange rate?; f-What kind of accounts do you offer?

2. a-3; b-3; c-2; d-1; e-3; f-1.

1. a-5; b-2; c-6; d-1; e-4; f-3.

Felicitaciones!

Has terminado con éxito la **Unidad 7**, donde aprendiste las **palabras más usadas** y las **frases más comunes** para utilizar **En el banco.**

Unit 8

At the supermarket
En el supermercado

Muchos de nosotros disfrutamos cuando tenemos que ir a un supermercado a hacer las compras; buscamos productos nuevos, recorremos las diferentes secciones, aun las que tienen productos que no necesitamos, nos fijamos qué mercadería está en oferta y terminamos comprando mucho más de lo que apuntamos en nuestra lista. Otros, por el contrario, no quieren perder tiempo y solamente compran lo que necesitan, sin detenerse a mirar las ofertas o las promociones. No importa el grupo al que pertenezcas, las palabras y frases que siguen te ayudarán a hacer tus compras de la manera que desees.

Palabras más usadas

Produce
(predú:s)
productos frescos

Fruit
(fru:t) frutas

Vegetables
(véshetebels) vegetales

Meat
(mi:t) carne

Beef
(bi:f) carne de res

Pork
(po:rk) carne de cerdo

Bacon
(béiken) tocino

Fish
(fish) pescado

Seafood
(sí:fu:d) mariscos

Poultry
(póultri) aves de granja

Chicken
(chíken) pollo

Dairy products
(déri prá:dakts)
productos lácteos

Milk
(milk) leche

Butter
(báre:r) mantequilla

Groceries
(gróuse:ri:z)
productos de almacén

Deli
(déli) productos gourmet

Bakery
(béikeri) panadería

Beverages
(bévrishiz) bebidas

Frozen food
(fróuzen fu:d)
comida congelada

Bagger
(bæge:r) persona
que embolsa la compra
en un supermercado

Bag
(bæg) bolsa

Aisle
(áil) pasillo

Check-out
(chek áut)
pagar en la caja

Express lane
(iksprés léin) caja rápida

15 items or less only
(fiftí:n áitemz
o:r les óunli)
hasta 15 artículos

Frases más comunes

What hours and days are you open?
¿qué días y en qué horario está abierto?

Where are the shopping carts?
¿dónde están los carritos?

They're down the aisle, to the left
están al final del pasillo, a la izquierda

Do you have a pharmacy?
¿hay una farmacia?

How much are we going to spend?
¿cuánto vamos a gastar?

Can we pass by the toiletries section first?
¿podemos pasar primero por la sección de artículos de tocador?

I'd like a dozen eggs
quisiera una docena de huevos

I'll get some carrots
compraré algunas zanahorias

Where are the dairy products?
¿dónde están los lácteos?

We're temporarily out of stock
en este momento no hay stock del producto

Is this on sale?
¿esto está en liquidación?

This is a bargain!
¡esto es muy barato!

This is very expensive
esto es muy caro

I'm here to pick up a cake I ordered
vine a buscar una torta que encargué

I've gotten everything on my list
ya compré todo lo que estaba en mi lista

Let's go to the check-out counter
vamos a las cajas

Is this an express lane?
¿esta es una caja rápida?

This aisle is closed
este pasillo está cerrado

Would you like paper or plastic bags?
¿quiere bolsas de papel o de plástico?

Will you pay with cash or credit?
¿va a pagar en efectivo o con tarjeta de crédito?

Your total is $56
el total es $56

Do you have any coupons?
¿tiene cupones?

Do you have a frequent buyer card?
¿tiene una tarjeta de comprador frecuente?

You saved $15 today
usted ahorró $15 hoy

I saved a lot of money because of these coupons
ahorré mucho dinero gracias a estos cupones

Apuntes de Gramática

Hay palabras que se refieren a sustancias que no pueden ser contadas por unidad:

Cheese: queso.
Milk: leche.

Para expresar cantidad, debes usarlas junto con otras frases:

A piece of cheese: una porción de queso.
A glass of milk: un vaso de leche.

O con las palabras **some** o **a little**:

We need some butter: necesitamos un poco de mantequilla.
I have a little milk: tengo un poco de leche.

Practica con estos ejercicios

1 Une con una línea las palabras y frases en inglés con su significado en español

Produce	a		1	productos lácteos
Beef	b		2	comida congelada
Groceries	c		3	productos de almacén
Frozen food	d		4	tocino
Bacon	e		5	carne de res
Dairy products	f		6	productos frescos

2 Elige la palabra o frase correcta que corresponda en cada caso

a. Pagar en la caja
1. check out counter
2. check out
3. express lane

d. Liquidación
1. sale
2. cash
3. out of stock

b. Caja rápida
1. express lane
2. aisle
3. check out

e. Carrito
1. cart
2. basket
3. bag

c. Carne de cerdo
1. beef
2. pork
3. poultry

f. Efectivo
1. coupon
2. credit card
3. cash

3 Escribe en inglés estas frases que aparecen en la lista

a. ¿Va a pagar en efectivo?

_____

b. ¿Esta es una caja rápida?

_____

c. ¿Tiene cupones?

_____

d. Usted ahorró $15 hoy.

_____

e. ¿Cuánto vamos a gastar?

_____

f. ¡Esto es muy barato!

_____

Key

1. a-6; b-5; c-3; d-2; e-4; f-1.
2. a-2; b-1; c-2; d-1; e-1; f-3.
3. a-Will you pay with cash?; b-Is this an express lane?; c-Do you have coupons?; d-You saved $15 today; e-How much are we going to spend?; f-This is a bargain!

Felicitaciones!

Has terminado con éxito la **Unidad 8**, donde aprendiste las **palabras más usadas** y las **frases más comunes** para utilizar **En el supermercado.**

Unit 9

The cashier
La cajera

El trabajo de cajera requiere una persona muy responsable y eficiente. Por sus manos circula no solo dinero, sino también documentos importantes, como cheques, tarjetas de crédito y de débito, recibos, y, si trabaja en un supermercado, diferentes mercaderías. Se debe tener mucha concentración y cuidado, así como un trato agradable con los clientes. A continuación podrás conocer el vocabulario que deben usar frecuentemente quienes realizan este trabajo.

Palabras más usadas

Cash register
(kæsh reshiste:r)
máquina registradora

Screen
(skri:n) pantalla

Receipt
(risí:t) recibo

Deposit slip
(dipá:zit slip)
recibo de depósito

Change
(chéinsh)
cambiar dinero/cambio

Closed
(klóuzd) cerrado

Cash
(kæsh) efectivo

Personal check
(pé:rsenel chek)
cheque personal

Credit card
(krédit ka:rd)
tarjeta de crédito

Debit card
(débit ka:rd)
tarjeta de débito

Traveler's check
(trævele:rz chek)
cheque de viajero

Deposit
(dipá:zit)
depositar/depósito

Exchange
(ikschéinsh)
cambiar/cambio

Exchange rate
(ikschéinsh réit)
tasa de cambio

Money
(máni) dinero

Bill
(bil) billete

Coin
(kóin) moneda

Pay
(péi) pagar/salario

Payment
(péiment) pago

Coupon
(kú:pa:n) cupón

Discount
(dískaunt) descuento

Barcode
(bá:rkoud)
código de barras

Promotion
(premóushen) promoción

Scan
(skæn) escanear

Return
(rité:rn) devolver

Frequent buyer card
(fríkuent báie:r ka:rd)
tarjeta de comprador
frecuente

Gift certificate
(gift se:rtífiket)
certificado de obsequio

Frases más comunes

This is an express lane/15 items or less
esta es una caja rápida/hasta 15 artículos

Exact change only
cambio exacto solamente

Double-bag the glass bottles
poner las botellas de vidrio en bolsas dobles

Must bag own groceries
debe embolsar su compra

Return cart/basket
devolver el carrito/la canasta

Cash only
solo efectivo

No cards
no se aceptan tarjetas

Must have ID for alcohol purchases
debe tener una identificación para comprar bebidas alcohólicas

Two forms of ID necessary
se necesitan dos documentos de identidad

Next in line
¿quién sigue?

Sale is final
la liquidación es final
(no se aceptan devoluciones)

Receipt required for returns
se necesita recibo para las devoluciones

Pay with smaller bill
pague con un billete de menor valor

Do not accept checks
no aceptamos cheques

How would you like your change
¿cómo prefiere el cambio?

Coupon is expired
el cupón está vencido

Sign/Endorse here
firme/endose aquí

Bottom copy is yours
la copia de abajo es suya

Deposit to two accounts
depositar en dos cuentas

Please sign and date
por favor, coloque
firma y fecha

**Withdraw from
checking/savings account**
retirar dinero de
una cuenta corriente/
caja de ahorro

**Services available
at drive-up window (bank)**
servicios disponibles
para operaciones desde
el automóvil (banco)

$20 fee for bounced check
recargo de $20 por
cheque sin fondos

Apuntes de Gramática

Cuando necesitas expresar acciones que están ocurriendo
en el presente, puedes hacerlo de esta manera:

I'm having dinner now
estoy cenando en este momento.

She's working a lot this month
ella está trabajando mucho este año.

They're not talking right now
ellos no están hablando en este preciso momento.

También usarás a menudo palabras como **now**
(en este momento/ahora), **right now** (en este
preciso momento), **this week** (esta semana),
this month (este mes), **this year** (este año).

Practica con estos ejercicios

1 Une con una línea las palabras y frases en inglés con su significado en español

Exchange rate	a	1	cambio
Frequent buyer card	b	2	billete
Bill	c	3	tasa de cambio
Deposit	d	4	recibo
Change	e	5	tarjeta de comprador frecuente
Receipt	f	6	depósito

2 Elige la palabra o frase correcta que corresponda en cada caso

a. Efectivo 1. cash 2. exchange 3. money	d. Cheque 1. bill 2. check 3. cash
b. Promoción 1. discount 2. return 3. promotion	e. Devolver 1. change 2. return 3. exchange
c. Dinero 1. bill 2. money 3. coin	f. Descuento 1. promotion 2. deposit 3. discount

3 Escribe en inglés estas frases que aparecen en la lista

a. La copia de abajo es suya.

_____

b. ¿Quién sigue?

_____

c. El cupón está vencido.

_____

d. Debe embolsar su compra.

_____

e. Cambio exacto solamente.

_____

f. Solo efectivo.

_____

Felicitaciones!

Has terminado con éxito la **Unidad 9**, donde aprendiste las **palabras más usadas** y las **frases más comunes** para utilizar con **La cajera**.

Unit 10

At the school
En la escuela

En los Estados Unidos, la educación pública es gratuita y la matriculación de los niños en la escuela a partir de los cinco años es obligatoria. Debes dirigirte al distrito escolar del condado donde vives o a la escuela pública más cercana para informarte sobre qué escuela les corresponde a tus hijos. Según la edad que tengan, deberás inscribirlos en la escuela primaria, la escuela intermedia o la escuela secundaria. Es muy importante que recibas toda la información posible sobre las características y servicios que ofrece la escuela, para lo cual encontrarás información muy útil en las siguientes listas.

Palabras más usadas

Public education
(páblik edyukéishen)
educación pública

Kindergarten
(kinde:rgá:rten)
Pre-escolar

Private education
(práivit edyukéishen)
educación privada

Elementary/Primary school
(eliménteri/práimeri sku:l)
escuela elemental/
primaria

Sign up/Enroll
(sáin áp/inróul)
inscribir/matricular

Junior/Middle school
(shú:nye:r/mídel sku:l)
escuela intermedia

Open house
(óupen jáus) reunión en la que se presentan las autoridades y maestros de una escuela

High school
(jái sku:l)
escuela secundaria

Summer school
(sáme:r sku:l)
escuela de verano

Special education
(spéshel edyukéishen)
educación especial

Academic calendar
(ækedémik kælende:r)
año académico

School year
(sku:l yir) año escolar

Report card
(ripó:rt ka:rd)
libreta de calificaciones

Grades/Marks
(gréidz/má:rks)
calificaciones

Performance
(pe:rfó:rmens) desempeño

Midterm
(mídte:rm) mitad de año

End-of-year testing
(énd ev yir tésting)
examen de fin de año

Detention
(diténshen) permanecer
después de hora como castigo

Suspension
(sespénshen) suspensión

Expel
(ikspél) expulsar

Staff meeting
(stæf mí:ring)
reunión de maestros

Parent-teacher conference
(pérent tí:che:r ká:nferens)
reunión entre padres y
maestros

PTA (Parent Teacher Association)
(pi:-ti:-éi /pérent tí:che:r
esóusiéishen) asociación de
padres y maestros

Principal
(prínsipel)
director/directora

Superintendent
(su:pe:rinténdent)
superintendente

Administration
(edministréishen)
administración

Volunteer
(vá:lentir) voluntario/
voluntaria

Frases más comunes

What's my school district?
¿cuál es mi distrito escolar?

Could I speak to
the school secretary?
¿podría hablar con la
secretaria de la escuela?

I'd like to visit the school
me gustaría visitar la escuela

Could I see the classrooms?
¿podría ver las aulas?

Is school bus
available for free?
¿hay servicio gratuito de
transporte escolar?

Is child care available
before/after school?
¿hay cuidado de niños
antes/después de la escuela?

Where do I sign in?
¿dónde debo inscribirme?

Are there counselors
available to help students?
¿hay consejeros para
ayudar a los alumnos?

This is our attendance policy
estas son nuestras reglas
sobre la asistencia

We offer free or
reduced lunch
ofrecemos almuerzo gratis
o a precio reducido

We need your
contact information
necesitamos su
información de contacto

We need your permission to...
necesitamos su permiso para...

What's your discipline policy?
¿cuáles son sus medidas
disciplinarias?

Is a nurse available
at all times?
¿hay una enfermera
disponible en todo momento?

Can you test for learning disabilities?
¿pueden tomar un examen para descubrir problemas en el aprendizaje?

Your child will be held back
su hijo repetirá

Can we set up a conference?
¿podemos concertar una reunión?

Your child was absent on Tuesday
su hijo estuvo ausente el martes

Miss a class
perder una clase

I'm a parent volunteer
soy un padre voluntario

How is my child's performance?
¿cómo es el desempeño de mi hijo?

Is my child performing at or below grade level?
¿mi hijo está desempeñándose en el nivel adecuado o por debajo?

Your child will graduate
su hijo va a graduarse

Apuntes de Gramática

Cuando necesitas pedir algo, en situaciones más formales, puedes usar **could**:

Could I see the classrooms?: ¿podría ver las aulas?

Could I speak to the school secretary?: ¿podría hablar con la secretaria de la escuela?

Para responder afirmativamente, puedes decir:

Certainly/ Of course: Sí, claro /por supuesto.

Practica con estos ejercicios

1　Une con una línea las palabras y frases en inglés con su significado en español

Sign up	a	1	director
High school	b	2	inscribir
School year	c	3	desempeño
Principal	d	4	escuela secundaria
End-of-year testing	e	5	año escolar
Performance	f	6	examen de fin de año

2　Elige la palabra o frase correcta que corresponda en cada caso

a. Educación pública
1. private education
2. primary school
3. public education

d. Calificaciones
1. grades
2. report card
3. end-of-year testing

b. Director
1. superintendent
2. principal
3. administration

e. Pre-escolar
1. primary school
2. junior school
3. kindergarten

c. Escuela secundaria
1. primary school
2. high school
3. middle school

f. Reunión entre padres y maestros
1. staff meeting
2. parent-teacher conference
3. parent teacher association

3 Escribe en inglés estas frases que aparecen en la lista

a. ¿Cuál es mi distrito escolar?

_____

b. ¿Podría hablar con la secretaria de la escuela?

_____

c. ¿Hay servicio gratuito de transporte escolar?

_____

d. Ofrecemos almuerzo gratis o a precio reducido.

_____

e. ¿Podemos concertar una reunión?

_____

f. ¿Cómo es el desempeño de mis hijos?

_____

Key

3. a-What's my school district?; b-Could I speak to the school secretary?; c-Is the school bus available for free?; d-We offer free or reduced lunch; e-Can we set up a conference?; f-How is my child's performance?

2. a-3; b-2; c-2; d-1; e-3; f-2.

1. a-2; b-4; c-5; d-1; e-6; f-3.

Felicitaciones!

Has terminado con éxito la **Unidad 10**, donde aprendiste las **palabras más usadas** y las **frases más comunes** para utilizar **En la escuela.**

Unit 11

At the post office
En el correo

El correo te ofrece múltiples posibilidades a la hora de enviar cartas o paquetes, ya sea dentro del país o al exterior. Puedes elegir diferentes opciones según la urgencia que tengas, el tamaño, el peso y el valor de lo que envías, o la necesidad de asegurarte de que tu carta llegue a destino. Puedes, además, averiguar códigos postales, girar dinero, sacar tu pasaporte, registrar tus cambios de domicilio o pedir que se haga un seguimiento de tu correspondencia durante su recorrido postal, entre otros servicios. El vocabulario que incluimos en estas listas te resultará muy útil para solicitar la información que necesites cuando tengas que ir al correo.

Palabras más usadas

Delivery	**Parcel/Package**
(dilíve:ri) entrega	(pá:rsel/pǽkish) paquete

Return	**Stamp**
(rité:rn) devolver	(stæmp) estampilla

Pick-up	**Mail**
(pik ap) retirar	(méil) correo

Letter	**Mailman**
(lére:r) carta	(méilmen) cartero

Wire
(wáir) girar dinero

Track
(træk) hacer un
seguimiento/rastrear

Bulk mail
(bálk méil:) propaganda
por correo

Registered letter
(réshiste:rd lére:r)
carta registrada

Certified letter
(sértifáid lére:r)
carta certificada

Insured letter
(inshó:rd lére:r)
carta asegurada

Express mail
(iksprés méil)
correo expreso

Priority mail
(praió:reri méil)
correo prioritario

First class mail
(fe:rst klæs méil)
correo de primera clase

Global express guaranteed
(glóubel iksprés gærentíd)
correo expreso certificado

Express mail international
(iksprés méil inte:rnǽshenel)
correo expreso
internacional

Priority mail international
(praió:reri méil inte:rnǽshenel)
correo prioritario internacional

First-class mail international
(fe:rst klæs méil
inte:rnǽshenel) correo de
primera clase internacional

Money order
(máni ó:rde:r) giro postal

Cash On Delivery (COD)
(kæsh a:n dilíve:ri/si:-óu-di:)
pago contra entrega.

Weigh
(wéi) pesar

Pound
(páund)
libra (0.454 kilogramos)

Ounce
(áuns)
onza (28.35 gramos)

PO Box
(pi:-óu-ba:ks)
casilla de correo

Frases más comunes

Send by air mail
enviar por correo aéreo

It weighs 10 ounces
pesa 10 onzas

I'd like to send this package to Mexico
quisiera enviar este paquete a México

Are you sending an envelope or a package?
¿va a enviar un sobre o un paquete?

Fill out the customs form, please
complete el formulario de la aduana, por favor

How many stamps do I need?
¿cuántas estampillas necesito?

How much would you like to insure the package for?
¿por cuánto quiere asegurar el paquete?

How can I send money to El Salvador?
¿cómo puedo enviar dinero a El Salvador?

When do you want this package to arrive?
¿cuándo quiere que llegue el paquete?

I'd like to wire some money to Puerto Rico
quisiera hacer un giro postal a Puerto Rico

How long does it take to get there?
¿cuánto tarda en llegar allí?

It takes two days
tarda dos días

What are you mailing?
¿qué envía?

Take your delivery notice to pick up your package
lleve su notificación de entrega para retirar su paquete

How much does it weigh?
¿cuánto pesa?

What's the package size and weight?
¿cuál es la medida y el peso del paquete?

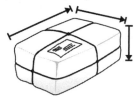

What's the difference between certified and registered letter?
¿cuál es la diferencia entre una carta certificada y una registrada?

Can I get my passport photos taken here?
¿pueden sacarme las fotos para el pasaporte aquí?

Where are the passport forms?
¿dónde están los formularios para el pasaporte?

Would you like tracking on the package?
¿quiere hacer un seguimiento del paquete?

Don't lose your tracking number
no pierda el número de seguimiento

Fill in the address completely
llene con su dirección completa

What's my Zip code?
¿cuál es mi código postal?

Apuntes de Gramática

Para hablar sobre duración de tiempo, puedes usar el verbo **take**:

How long does it take to get there?
¿cuánto tarda en llegar allí?

It takes two days
tarda dos días.

Does it take long?
¿tardará mucho?

It doesn't take long
no tarda mucho.

Practica con estos ejercicios

1 Une con una línea las palabras y frases en inglés con su significado en español

Pick-up	a	1	devolver
Mailman	b	2	giro postal
Wire	c	3	cartero
Money order	d	4	retirar
Track	e	5	hacer un seguimiento
Return	f	6	girar dinero

2 Elige la palabra o frase correcta que corresponda en cada caso

a. Giro postal
1. money order
2. Cash On Delivery
3. delivery

b. Correo expreso
1. priority mail
2. registered letter
3. express mail

c. Correo prioritario
1. first class mail
2. priority mail
3. insured letter

d. Carta registrada
1. insured letter
2. registered letter
3. certified letter

e. Pago contra entrega
1. money order
2. Cash On Delivery
3. return

f. Correo
1. parcel
2. letter
3. mail

3 Escribe en inglés estas frases que aparecen en la lista

a. ¿Por cuánto quiere asegurar el paquete?

_____

b. Enviar por correo aéreo.

_____

c. ¿Cuánto tarda en llegar allí?

_____

d. ¿Cómo puedo enviar dinero a El Salvador?

_____

e. ¿Cuántas estampillas necesito?

_____

f. ¿Qué envía?

_____

Felicitaciones!

Has terminado con éxito la **Unidad 11**, donde aprendiste las **palabras más usadas** y las **frases más comunes** para utilizar **En el correo.**

Unit 12

At the doctor's office
En el consultorio médico

El cuidado de nuestra salud ocupa una parte importantísima de nuestra vida, y poder no solo curar sino prevenir enfermedades requiere de la ayuda de los médicos, quienes gracias a sus conocimientos y su experiencia saben qué es lo mejor para nosotros cuando tenemos un problema de salud. Cuando hablemos con el médico, es muy importante que podamos explicarle con la mayor claridad posible qué nos sucede, así como también entender sus explicaciones, el tratamiento que debemos seguir y los medicamentos que nos receta. Lee las siguientes listas y encontrarás información que puede resultarte muy útil cuando debas ir al consultorio del médico o a la sala de guardia de un hospital.

Palabras más usadas

Brain
(bréin) cerebro

Heart
(ja:rt) corazón

Lung
(lang) pulmón

Stomach
(stámek) estómago

Appendix
(epéndiks) apéndice

Bladder
(blǽde:r) vesícula

Kidney
(kídni) riñón

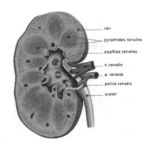

ren
pyramides renales
papillae renales
v. renalis
a. renalis
pelvis renalis
ureter

Bowel
(báuel) intestino

Liver
(líve:r) hígado

Prostate
(prá:steit) próstata

Uterus
(yú:teres) útero

Cold
(kóuld) resfriado

Cough
(kaf) toser/tos

Sneeze
(sni:z)
estornudar/estornudo

Earache
(íreik) dolor de oídos

Sore throat
(so:r zróut)
dolor de garganta

Chest pain
(chest péin)
dolor de pecho

Heart attack
(ja:rt etæk)
ataque al corazón

Headache
(jédeik)
dolor de cabeza

Cramps
(kræmps) calambres

Period
(píried) menstruación

Overweight
(ouve:rwéit) sobrepeso

Hepatitis
(jepetáiris) hepatitis

Conjunctivitis
(kenshánktiváiris)
conjuntivitis

Insurance card
(inshó:rens ka:rd)
tarjeta del seguro

Frases más comunes

Make an appointment
concertar una
cita/sacar turno

Breathe deeply
respire profundamente

Hold your breath
retenga el aire

I'll check your temperature
controlaré su temperatura

I'll check your heart beat
controlaré su pulso

**I'll check your
blood pressure**
controlaré su presión
sanguínea

You have a fever
tiene fiebre

Are you allergic?
¿usted es alérgico?

I feel very tired and dizzy
me siento muy cansado
y mareado

**Please have these
tests done**
por favor, hágase
estos análisis

Pull up your sleeve for a shot
levántese la manga para
aplicarle una inyección

**When was the last time
you went to the doctor?**
¿cuándo fue la última vez
que visitó al médico?

I'll write you a prescription
voy a hacerle una receta

**How often should I
come for a checkup?**
¿con qué frecuencia
debo hacerme un
chequeo general?

Are you taking any medicine?
¿está tomando algún medicamento?

Your arm is broken
se quebró un brazo

You sprained your ankle
se esguinzó el tobillo

I have a stomachache
me duele el estómago

Are you throwing up frequently?
¿vomita frecuentemente?

Do you have diarrhea?
¿tiene diarrea?

You should see a specialist
debe consultar con un especialista

How can I keep my cholesterol level low?
¿cómo puedo mantener bajo el nivel de colesterol?

Can I take birth control pills?
¿puedo tomar pastillas anticonceptivas?

How often should I have a mammogram taken?
¿cada cuánto debo hacerme una mamografía?

I'm due for a pap smear
debo hacerme un test de Papanicolau

Apuntes de Gramática

Para expresar decisiones que se toman en el momento, se usa la forma contraída de will ('ll):

I'll check your temperature: controlaré su temperatura.

I'll check your heart beat: controlaré su pulso.

I'll check your blood pressure: controlaré su presión sanguínea.

Practica con estos ejercicios

1 Une con una línea las palabras y frases en inglés con su significado en español

Stomach	a	1	estómago
Sore throat	b	2	ataque al corazón
Overweight	c	3	cita con el médico
Heart attack	d	4	tarjeta del seguro
Insurance card	e	5	sobrepeso
Appointment	f	6	dolor de garganta

2 Elige la palabra o frase correcta que corresponda en cada caso

a. Pulmón
1. lung
2. liver
3. bladder

d. Riñón
1. kidney
2. appendix
3. bowel

b. Hígado
1. bladder
2. bowel
3. liver

e. Intestino
1. bladder
2. bowel
3. liver

c. Vesícula
1. bowel
2. kidney
3. bladder

f. Garganta
1. lung
2. heart
3. throat

3 Escribe en inglés estas frases que aparecen en la lista

a. Se esguinzó el tobillo.

_____

b. Sacar turno.

_____

c. Voy a hacerle una receta.

_____

d. Controlaré su presión sanguínea.

_____

e. Controlaré su temperatura.

_____

f. Respire profundamente.

_____

Felicitaciones!

Has terminado con éxito la **Unidad 12**, donde aprendiste las **palabras más usadas** y las **frases más comunes** para utilizar **En el consultorio médico.**

Unit 13

At the hospital
En el hospital

Los hospitales proveen servicios de salud para la comunidad y poseen los equipos y la tecnología necesaria para todo tipo de diagnósticos, tratamientos y operaciones. Se organizan en diferentes áreas, cada una de las cuales tiene una función específica: salas de primeros auxilios, de emergencias, de operaciones, de cuidados intensivos. También tienen sectores diferentes según la especialidad médica de la que se ocupan, como por ejemplo, pediatría o cardiología. Encontrarás en esta unidad el vocabulario básico que te ayudará a comunicarte dentro de un hospital, ya sea como paciente o empleado.

Palabras más usadas

Urgency
(é:rshensi) urgencia

Ambulance
(æmbyelæns) ambulancia

Emergency
(imé:rshensi) emergencia

Emergency room
(imé:rshensi ru:m)
sala de emergencias

First aid
(fe:rst éid)
primeros auxilios

Disease
(dizí:z) enfermedad

Treatment
(tri:tment) tratamiento

Patient
(péishent) paciente

Physician
(fezíshen) médico/médica

Surgeon
(sé:rshen) cirujano/cirujana

Anesthesiologist
(æneszi:ziá:leshist)
anestesiólogo/anestesióloga

Head trauma
(jed trá:me) traumatismo
de cráneo

Surgery
(sé:rsheri) cirugía

Appendicitis
(ependisáiris) apendicitis

Delivery
(dilíve:ri) parto

Operating room
(a:peréiting ru:m)
sala de operaciones

Convulsions
(kenválshenz) convulsiones

Intensive care unit (ICU)
(inténsiv ker yú:nit/
ái-si:-yú:) unidad de
cuidados intensivos

CAT Scan
(si:-éi-ti: skæn) tomografía
axial computarizada

IV
(ái-vi:) vía endovenosa

MRI
(em-a:r-ái) resonancia
magnética

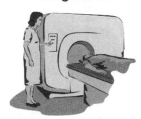

Choking
(chóuking) asfixia

Intubation
(intu:béishen)
intubación

Oxygen mask
(á:ksishen mæsk)
máscara de oxígeno

Discharge
(dischá:rsh) dar de alta

Frases más comunes

Donate organs
donar órganos

Donate blood
donar sangre

Need a blood transfusion
necesitar una
transfusión de sangre

I have a pain in my chest
tengo un dolor en el pecho

It's very painful
es muy doloroso

Where does it hurt?
¿Dónde le duele?

Can you feel this or is it numb?
¿puede sentir esto o
la zona está dormida?

Save a life
salvar una vida

Relieve suffering
aliviar el dolor

Call a nurse
llamar a una enfermera

Bring a stretcher
traer una camilla

**They took him
to the hospital**
lo llevaron al hospital

**She was admitted
to the hospital**
fue internada en el hospital

Schedule surgery
programar una cirugía

**Undergo cardiovascular
surgery**
someterse a cirugía
cardiovascular

Take out tonsils
extraer las amígdalas

What are the visiting hours?
¿cuál es el horario de visita?

How long is he going to stay at the hospital?
¿cuánto tiempo va a estar internado?

Can somebody stay overnight?
¿alguien puede quedarse por la noche?

Where's the waiting room?
¿dónde está la sala de espera?

Perform CPR (Cardio Pulmonary Resuscitation)
practicar reanimación cardiopulmonar

Get X-ray
hacerse una radiografía

Need stitches
necesitar puntos

Remove stitches
quitar los puntos

Prevent infection
prevenir una infección

 Apuntes de Gramática

Cuando necesitas pedir algo en situaciones informales, puedes usar **can**:

Can somebody stay overnight?
¿alguien puede quedarse a la noche?

Can you call a nurse?: ¿puedes llamar a una enfermera?

Can you bring a stretcher?: ¿puede traer una camilla?

Practica con estos ejercicios

1 Une con una línea las palabras y frases en inglés con su significado en español

Operating room	a	1	dar de alta
Discharge	b	2	máscara de oxígeno
Emergency room	c	3	unidad de cuidados intensivos
First aid	d	4	sala de operaciones
Oxygen mask	e	5	sala de emergencias
Intensive care unit	f	6	primeros auxilios

2 Elige la palabra o frase correcta que corresponda en cada caso

a. Asfixia
1. intubation
2. choking
3. convulsions

d. Enfermedad
1. disease
2. surgery
3. treatment

b. Cirugía
1. emergency
2. treatment
3. surgery

e. Médico
1. physician
2. anesthesiologist
3. surgeon

c. Parto
1. convulsions
2. delivery
3. urgency

f. Tratamiento
1. surgery
2. treatment
3. emergency

3 Escribe en inglés estas frases que aparecen en la lista

a. Donar órganos.

b. Aliviar el dolor.

c. Quitar los puntos.

d. ¿Cuál es el horario de visita?

e. Llame a una enfermera.

f. ¿Dónde le duele?

Felicitaciones!

Has terminado con éxito la **Unidad 13**, donde aprendiste las **palabras más usadas** y las **frases más comunes** para utilizar **En el hospital.**

Unit 14

At the drugstore
En la farmacia

En las farmacias, podemos conseguir los medicamentos que nos recetó nuestro médico y, también, otros que son vendidos sin necesidad de presentar una receta. Muchas veces una indigestión, un dolor de cabeza, un dolor en las articulaciones o un resfriado nos toman desprevenidos y no tenemos a mano nada que nos alivie el dolor o el malestar. En esos casos, el farmacéutico nos aconsejará un medicamento, como por ejemplo un analgésico, un antifebril o un relajante muscular, que nos ayudará momentáneamente a sentirnos mejor. Lee con atención el vocabulario que puedes llegar a usar si debes ir a una farmacia.

Palabras más usadas

Medicine
(**méd**sin) medicamento

OTC (over the counter) drugs
(óu ti: si: **dragz**)
medicamentos
de venta libre

Drug
(**drag**)
medicamento/droga

Prescription
(preskrípshen)
receta médica

Antacid
(æntæsed) antiácido

Antibiotic
(æntibaiá:rik) antibiótico

Antiseptic
(æntiséptik) antiséptico

Anti-diarrheal
(æntidaie:ríel) antidiarreico

Anti-itch
(æntiích) antipruriginoso

Anti-fever
(æntifí:ve:r)
antifebril

Laxative
(lækseriv) laxante

Pain reliever/killer
(péin rilí:ve:r/péin kíle:r)
analgésico

Syrup
(sáirep) jarabe

Cough syrup
(ka:f sáirep)
jarabe contra la tos

Aspirin
(æspirin) aspirina

Ibuprofen
(aibú:prefen)
ibuprofeno

Cream
(kri:m) crema

Drops
(dra:ps) gotas

Gauze
(go:z) gasa

Thermometer
(ze:rmámere:r) termómetro

Syringe
(sirinsh) jeringa

Flu vaccine
(flu: veksí:n)
vacuna contra la gripe

Vitamin
(váiremin) vitamina

Contraceptive pill
(kentreséptiv pil) píldora
anticonceptiva

Condom
(kándem) profiláctico

Pregnancy test
(prégnensi test)
prueba de embarazo

Frases más comunes

Could you take my
blood pressure?
¿puede tomar mi
presión sanguínea?

Your pressure is low/high
su presión está baja/alta

Do I need a prescription
for this medicine?
¿necesito una receta para
este medicamento?

Is there any OTC (over the counter)
medicine for ear infection?
¿hay algún medicamento
de venta libre para la
infección de oídos?

What are your symptoms?
¿qué síntomas tiene?

I need a fever reducer
necesito un medicamento
que baje la fiebre

I'd like something for a cold
quisiera algo para un resfriado

I need syringes for
insulin injections
necesito jeringas para
inyecciones de insulina

What can I take for
heartburn?
¿qué puedo tomar
para la acidez?

Do you have anything
for cold sores?
¿tiene algo para los
herpes bucales?

What can I take for
a sore throat?
¿qué puedo tomar para
el dolor de garganta?

Could you give me
something for a wart?
¿podría darme algo para
una verruga?

What can I take for
a migraine?
¿qué puedo tomar
para la migraña?

Which laxative do
you recommend?
¿qué laxante me recomienda?

Is there anything to
relieve a sunburn?
¿hay algo para aliviar la
quemadura de sol?

This will relieve the pain
esto le aliviará el dolor

You can get ibuprofen for your period pains
puede tomar ibuprofeno para los dolores menstruales

Shake bottle well before use
agite bien antes de usar

Do you have any questions about this medication?
¿tiene alguna pregunta sobre este medicamento?

If it gets worse, you should see a doctor
si empeora, debe ver a un médico

Do you want a large bottle or a small one?
¿quiere un frasco grande o chico?

Do you prefer chewable tablets?
¿prefiere tabletas masticables?

I need alcohol, cotton and bandages
necesito alcohol, algodón y vendas

Are you open 24 hours?
¿está abierto las 24 horas?

 Apuntes de Gramática

Para hablar sobre posibilidades futuras, puedes usar **will**:

This will relieve the pain: esto le aliviará el dolor.
You'll feel better soon: te sentirás bien pronto.

Para hablar sobre intenciones futuras, puedes usar **be going to**:

I'm going to buy some aspirin: voy a comprar unas aspirinas.
She's going to call the doctor: va a llamar al médico.

Practica con estos ejercicios

1 — Une con una línea las palabras y frases en inglés con su significado en español

OTC drugs	a	1	analgésico
Anti-fever	b	2	gotas
Prescription	c	3	antibiótico
Pain reliever	d	4	medicamentos de venta libre
Drops	e	5	antifebril
Antibiotic	f	6	receta médica

2 — Elige la palabra o frase correcta que corresponda en cada caso

a. Analgésico
1. antibiotic
2. pain killer
3. syrup

d. Antiséptico
1. anti-itch
2. antacid
3. antiseptic

b. Píldora anticonceptiva
1. condom
2. pregnancy test
3. contraceptive pill

e. Antibiótico
1. antiseptic
2. antibiotic
3. antacid

c. Jeringa
1. syringe
2. syrup
3. gauze

f. Laxante
1. ibuprofen
2. pain reliever
3. laxative

Las respuestas (Key) están al
pie de la página siguiente.

3 Escribe en inglés estas frases que aparecen en la lista

a. ¿Puede tomar mi presión sanguínea?

_____

b. Necesito un medicamento que baje la fiebre.

_____

c. ¿Qué puedo tomar para el dolor de garganta?

_____

d. Si empeora, debe ver a un médico.

_____

e. Quisiera algo para un resfriado.

_____

f. Agite bien antes de usar.

_____

Felicitaciones!

Has terminado con éxito la **Unidad 14**, donde aprendiste las **palabras más usadas** y las **frases más comunes** para utilizar **En la farmacia.**

Unit 15

In case of emergency
En caso de emergencia

Si alguna vez te encuentras en una situación de emergencia, debes llamar por teléfono al 911, que es el número oficial y nacional que te comunicará con un operador, quien te atenderá y transferirá el llamado al servicio que deba acudir en tu ayuda, ya sean paramédicos, policías o bomberos. Es muy importante que colabores con el operador, respondiendo sus preguntas con claridad y siguiendo al pie de la letra sus indicaciones. A continuación, encontrarás el vocabulario más frecuente que necesitarás usar en casos de emergencia.

Palabras más usadas

Emergency
(imé:rshensi) emergencia

Safety
(séifti) seguridad

Disaster
(dizæste:r) desastre

Terrorist
(tére:rist) terrorista

Hurricane
(hé:riken) huracán

Earthquake
(é:rzkweik) terremoto

Fire
(fáir) incendio

Firefighter
(fáirfaite:r) bombero

Police
(pelí:s) policía

Flood
(fl**a**d) inundación

Snow storm
(snóu sto:rm)
tormenta de nieve

Shelter
(sh**é**lte:r) refugio

Evacuation plan
(iv**æ**kyu:éishen pl**æ**n)
plan de evacuación

Evacuate
(iv**æ**kyu:eit) evacuar

Heat stroke
(ji:t stróuk) golpe de calor

Threat
(**z**ret)
amenazar/amenaza

Alert
(el**é**:rt) alertar/alerta

Help
(**j**elp) ayudar/ayuda

Casualties
(k**æ**shyueltiz) víctimas

Collapse
(kel**æ**ps)
colapsar/colapso

Rescue operations
(r**é**skyu: a:pe:réishens)
operaciones de rescate

Paramedic
(perem**é**dik)
paramédico

Death
(**dez**) muerte

Wounded
(wu:n**d**id) herido con un arma

Drown
(**d**ráun) ahogarse

Frases más comunes

In case of emergencies, dial 911
en caso de emergencias, llame al 911

Keep away from the area
manténganse alejados de la zona

How many casualties?
¿cuántos heridos?

Please call a doctor
por favor, llame a un médico

There was a car crash
hubo un choque de autos

Some people are seriously injured
hay heridos graves

Where's the nearest hospital?
¿dónde está el hospital más cercano?

Please call for an ambulance
por favor, llame una ambulancia

Are you hurt?
¿está usted herida?

Did you witness the accident?
¿usted fue testigo del accidente?

Could you give me your name and address?
¿puede darme su nombre y dirección?

What's the emergency
¿cuál es la emergencia?

Help is on the way!
¡la ayuda está en camino!

What's your phone number?
¿cuál es su número de teléfono?

The driver is unconscious
el conductor está inconsciente

Is anybody wounded?
¿alguien fue herido
con un arma?

Do not move
no se mueva

**Where are you
calling from?**
¿de dónde llama?

**Could you describe
the suspect?**
¿puede describir
al sospechoso?

**Did you see the
license plate?**
¿vio el número de la placa?

**Is the person conscious
and breathing?**
¿está la persona consciente
y respirando?

**Somebody broke
into my house**
alguien entró en mi casa

Please stay calm
por favor, quédese tranquilo

**There's been a robbery
at the bank**
hubo un robo en el banco

Stop, drop and roll
quédese en el lugar,
arrójese al piso y ruede

✔ *Apuntes de Gramática*

Para dar instrucciones cuando queremos que una
persona no haga algo determinado, usarás **do not/don't**:

Do not move: no se mueva.

Don't run!: no corra.

Don't panic: no se desespere.

Do not leave your house: no abandone su casa.

Practica con estos ejercicios

1 Une con una línea las palabras y frases en inglés con su significado en español

Shelter	a	1	plan de evacuación
Rescue operations	b	2	bombero
Casualties	c	3	alerta
Alert	d	4	víctimas
Evacuation plan	e	5	operaciones de rescate
Firefighter	f	6	refugio

2 Elige la palabra o frase correcta que corresponda en cada caso

a. Seguridad
1. safety
2. disaster
3. emergency

d. Terremoto
1. disaster
2. hurricane
3. earthquake

b. Incendio
1. collapse
2. flood
3. fire

e. Golpe de calor
1. threat
2. heat stroke
3. death

c. Operaciones de rescate
1. evacuate
2. evacuation plan
3. rescue operations

f. Amenaza
1. alert
2. safety
3. threat

3   Escribe en inglés estas frases que aparecen en la lista

a. En caso de emergencias, llame al 911.

b. ¿Cuántos heridos?

c. Por favor, llame a un médico.

d. Hay heridos graves.

e. ¿Dónde está el hospital más cercano?

f. ¿Está usted herida?

Key

1. a-6; b-5; c-4; d-3; e-1; f-2.
2. a-1; b-3; c-3; d-3; e-2; f-3.
3. a-In case of emergencies, dial 911; b-How many casualties?; c-Please call a doctor; d-Some people are seriously injured; e-Where's the nearest hospital?; f-Are you hurt?

Felicitaciones!

Has terminado con éxito la **Unidad 15**, donde aprendiste las **palabras más usadas** y las **frases más comunes** para utilizar **En caso de emergencia.**

Unit 16

At a construction site
En una obra en construcción

Son muchas las personas que intervienen en la construcción de una obra: arquitectos, ingenieros, contratistas, trabajadores y proveedores. Todos ellos son una parte fundamental para que el proyecto se concrete con éxito. Existen, también, diferentes tipos de obras: construcción de edificios de apartamentos, de oficinas, casas, hospitales, centros comerciales, carreteras, puentes y muchos más. Para realizar cualquiera de estos trabajos, se necesitan profesionales y trabajadores con experiencia y capacitación en las diferentes técnicas de construcción, de uso de los materiales, herramientas y maquinarias. Si trabajas en este oficio, te resultará muy útil leer la siguiente lista de palabras y frases que se usan con más frecuencia en este tipo de trabajos.

Palabras más usadas

Lot (la:t) terreno	**Brick** (brik) ladrillo
Homebuilder (jóumbilde:r) constructor de viviendas	**Stone** (stóun) piedra
Foundation (faundéishen) cimientos/base	**Stucco** (stákou) estuco
Siding (sáiding) revestimiento	**Glass** (glæs) vidrio
Wood (wu:d) madera	**Cement** (síment) cemento

Concrete
(kenkrí:t)
concreto/hormigón

Measuring tape
(méshering téip)
cinta medidora

Tile
(táil) teja

Dump truck
(damp trak)
camión de volteo

Plaster
(plæste:r) yeso

Crane
(kréin) grúa

Steel
(sti:l) acero

Worker
(wé:rke:r)
trabajador/obrero

Bricklayer
(bríkleie:r) albañil/quien
coloca los ladrillos

Forklift
(fó:rklift) montacargas

Weld
(weld) soldar

Dumpster
(dámpste:r) contenedor
(para restos de material)

Hard hat
(ja:rd jæt) casco protector

Chainsaw
(chéinsa:) motosierra

Axe
(æks) hacha

Frases más comunes

Demolish a building
demoler un edificio

Who's on your crew?
¿quién trabaja en su grupo?

Who's the supervisor?
¿quién es el supervisor?

What's your rain policy?
¿qué hacen en caso de lluvia?

Hammer nails into wood
clavar clavos en la madera

Pass me the screwdriver
pásame el destornillador

Lay the foundation
construir los cimientos

Put up drywall
construir la tablaroca

Is the insulation in yet?
¿ya colocaron la
capa aislante?

Score the land
medir el terreno

**Measure the dimensions
of the room**
medir las dimensiones
de la habitación

Sweep the wood shavings
barrer las virutas de madera

Put tools in tool box/kit
guardar las herramientas en
la caja de herramientas

Stay off wet cement
no pise el cemento húmedo

Don't touch - wet paint
no toque - pintura húmeda

Prepare for inspection
preparar para la inspección

**Has the site passed
inspection?**
¿ha sido aprobada la obra?

Follow all zoning regulations
cumplir con todos los reglamentos de la zona

Does the house pass health codes?
¿la casa cumple con los códigos de salud?

Only eco-friendly materials used
solo se usan materiales ecológicamente aceptables

Always keep hard hat on
use siempre el casco

Watch your head
cuidado con su cabeza

Put trash in dumpster
arrojar los restos de material en el contenedor

When will the project be completed?
¿cuándo estará terminado el proyecto?

When can I move in?
¿cuándo puedo mudarme?

 Apuntes de Gramática

Cuando quieras expresar obligación, debes usar **have to**:

You have to put trash in dumpster
tiene que arrojar los restos de material en el contenedor.

They have to measure the dimensions of the room
tienen que medir las dimensiones de la habitación.

You have to prepare the site for inspection
tienes que preparar la obra para la inspección.

Practica con estos ejercicios

1 Une con una línea las palabras y frases en inglés con su significado en español

Homebuilder	a		1	ladrillo
Foundation	b		2	constructor de viviendas
Brick	c		3	grúa
Cement	d		4	acero
Steel	e		5	cemento
Crane	f		6	cimientos

2 Elige la palabra o frase correcta que corresponda en cada caso

a. Cimientos
1. foundation
2. siding
3. bricklayer

b. Ladrillo
1. stone
2. tile
3. brick

c. Acero
1. plaster
2. steel
3. tile

d. Motosierra
1. axe
2. chainsaw
3. forklift

e. Grúa
1. crane
2. axe
3. dumpster

f. Hormigón
1. stucco
2. concrete
3. cement

Las respuestas (Key) están al pie de la página siguiente.

3 Escribe en inglés estas frases que aparecen en la lista

a. Construir la tablaroca.

b. Demoler un edificio.

c. ¿Cuándo completará el proyecto?

d. Preparar para la inspección.

e. Construir los cimientos.

f. Arrojar los restos de material en el contenedor.

Key

1. a-2; b-6; c-1; d-5; e-4; f-3.
2. a-1; b-3; c-2; d-2; e-1; f-2.
3. a-Put up drywall; b-Demolish a building; c-When will project be complete?; d-Prepare for inspection; e-Lay the foundation; f-Put trash in dumpster.

Felicitaciones!

Has terminado con éxito la **Unidad 16**, donde aprendiste las **palabras más usadas** y las **frases más comunes** para utilizar **En una obra en construcción.**

Unit 17

In the Garden
En el jardín

La jardinería es una actividad que puede practicarse como pasatiempo o como un servicio ofrecido por personas que se especializan en el cuidado de parques y jardines. Un jardinero debe saber, entre otras cosas, cuándo se deben plantar las semillas, qué necesidades tienen las diferentes plantas y flores, con qué frecuencia se deben regar, cuándo se debe podar, qué herramientas se necesitan y cómo combatir insectos y pestes. Debe comunicarse con un vocabulario específico y entender las necesidades de quien contrata sus servicios.

Palabras más usadas

Shovel
(shável) pala

Wheelbarrow
(wí:lbarou) carretilla

Rake
(réik) rastrillo

Sprinkler
(sprínkle:r)
regador automático

Watering can
(wá:re:ring kæn)
regadera

Hoe
(jóu) azada

Pitch fork
(pich fo:rk) horquilla

Hose (jóus) manguera	**Herb** (herb) hierba
Soil (sóil) tierra	**Bulb** (balb) bulbo
Clay (kléi) arcilla	**Seed** (si:d) semilla
Grass / Lawn (græs)/(la:n) césped	**Root** (ru:t) raíz
Flower (fláue:r) flor	**Planter / Pot** (plæne:r)/(pa:t) jardinera/maceta

Plant
(plænt) plantar/planta

Weeds
(wi:dz) malezas

Fertilizer
(fé:rtilaize:r) fertilizante

Flower bed
(fláue:r bed) cantero

Vegetables
(véshetebels) vegetales

Lawn mower
(la:n móue:r)
cortadora de pasto

Shear
(shir) tijera

Gardener
(gá:rdene:r)
jardinero/jardinera

Frases más comunes

Water plants regularly
regar las plantas con frecuencia

Do not over-water
no regar en exceso

Need direct sunlight
necesitar luz natural

Need little sunlight
necesitar poca luz

Pull the weeds
quitar las malezas

Grass is sprouting
el césped está brotando

Trim the bushes
podar los arbustos

Mow the lawn
cortar el césped

Use the sprinkler at dawn or dusk
usar el riego automático al amanecer o al atardecer

Fertilize the soil monthly
fertilizar la tierra mensualmente

Dig a hole
cavar un pozo

Spray with insecticide
rociar con insecticida

Plant the bulbs
plantar los bulbos

Till the soil
labrar/cultivar la tierra

Break up the clumps in the ground
romper los cascotes del suelo

Pick the vegetables
recoger los vegetales

Don't pull up the root
no quite la raíz

Be careful with the trimmers
tenga cuidado con las podadoras

Rake the leaves
rastrillar las hojas

Sweep the terrace
barrer la terraza

Push the wheelbarrow
empujar la carretilla

Cut flowers for a bouquet
cortar las flores para un ramo

Do not ingest (fertilizer or insecticide)
no ingiera (fertilizante o insecticida)

What's the weather forecast?
¿cuál es el pronóstico del tiempo?

Have the «green thumb»
tener habilidad para la jardinería

Apuntes de Gramática

Fíjate en estas formas de decir «¿cómo estás?»:

How're you doing?
How are you?
How are things?
How's it going?

Y responder «muy bien, gracias»:

I'm fine, and you?
I'm very well, thank you
I'm OK, thanks

Practica con estos ejercicios

1 — Une con una línea las palabras y frases en inglés con su significado en español

Weeds	a		1	tierra
Watering can	b		2	césped
Rake	c		3	regadera
Grass	d		4	malezas
Root	e		5	rastrillo
Soil	f		6	raíz

2 — Elige la palabra o frase correcta que corresponda en cada caso

a. Tijera
1. Sprinkler
2. Hose
3. Shear

b. Semilla
1. Seed
2. Weed
3. Root

c. Pala
1. Hose
2. Shovel
3. Watering can

d. Manguera
1. Pitch fork
2. Hoe
3. Hose

e. Regador automático
1. Watering can
2. Sprinkler
3. Shear

f. Azada
1. Hoe
2. Hose
3. Rake

Las respuestas (Key) están al pie de la página siguiente.

3 Escribe en inglés estas frases que aparecen en la lista

a. Rastrillar las hojas.

---

b. Cortar el césped.

---

c. Rociar con insecticida.

---

d. Regar con frecuencia.

---

e. Podar los arbustos.

---

f. Quitar las malezas.

Key

1. a-4; b-3; c-5; d-2; e-6; f-1.
2. a-3; b-1; c-2; d-3; e-2; f-1.
3. a-Rake the leaves; b-Mow the lawn; c-Spray with insecticide; d-Water regularly; e-Trim the bushes; f-Pull the weeds.

Felicitaciones!

Has terminado con éxito la **Unidad 17.**, donde aprendiste las **palabras más usadas** y las **frases más comunes** para utilizar **En el jardín.**

Unit 18

In a farm
En un establecimiento agrícola

Las actividades que se realizan en un establecimiento agrícola son múltiples: cultivar la tierra, cosechar la siembra, criar ganado y caballos, ordeñar las vacas y muchas otras. Existen fincas que se dedican a la plantación de árboles frutales, viñas, hortalizas y vegetales, a la producción de lácteos o a la cría de aves. Podemos encontrar fincas pequeñas, donde predomina el trabajo manual y la producción se destina al mercado local, y otras de mayor extensión, que cuentan con maquinarias modernas que facilitan la tarea de los trabajadores y cuyos productos se exportan. En las listas siguientes, encontrarás palabras y frases usadas frecuentemente para describir las actividades de una finca.

Palabras más usadas

Estate
(ístéit) finca

Grow
(gróu) cultivar

Plantation
(plæntéishen) plantación

Till
(til) labrar/cultivar

Seed
(si:d) semilla

Plant
(plænt) plantar

Grains
(gréinz) granos/cereales

Sow
(sóu) sembrar

Harvest
(já:rvist)
cosechar/cosecha

Crop
(kra:p) cosecha

Pick
(pik) cosechar/recolectar

Seeder/Planter
(sí:de:r/plæne:r)
sembradora

Harvester
(já:rviste:r) cosechadora

Tractor
(trækte:r) tractor

Cattle
(kærel) ganado

Slaughter
(slá:re:r)
faenar/matar ganado

Season
(sí:sen) estación

Ripe
(ráip) maduro

Export
(ékspo:rt) exportar

Farm hands
(færm jændz)
trabajadores agrícolas

Farmers market
(fá:rme:rz má:rkit)
mercado de agricultores

Fertilizer
(fe:rtiláize:r) fertilizante

Organic
(o:rgænik) orgánico

Barn
(ba:rn) granero

Stable
(stéibel) establo

Acre
(éike:r) acre (4047 m^2)

Sorghum
(sá:rgen) sorgo

Barley
(bá:rli) cebada

Corn
(ko:rn) maíz

Frases más comunes

Till/Sow the soil
labrar/sembrar la tierra

Plant the seeds
sembrar

Pick the fruit/vegetables
cosechar las frutas

Put it in the compost
úselo como
abono/fertilizante

Load it in the truck
cargarlo en el camión

Gather the chicken eggs
juntar los huevos de gallina

Milk the cows
ordeñar las vacas

Round up the cattle
arrear el ganado

**Take it to the
slaughter house**
llevarlos al matadero

Wash and can the produce
lavar y enlatar los
productos frescos

Operate heavy machinery
operar maquinaria pesada

We use organic products
usamos productos orgánicos

Insects are killing our plants
los insectos están matando
a nuestras plantas

I'm the farm/ plantation owner
soy el dueño de la finca/plantación

Out of season
fuera de temporada

Temporary employment
empleo temporario

How much do you pay for labor?
¿cuánto pagan por la mano de obra?

We pay by the bushel
pagamos por el costal

We pay in cash
pagamos al contado

Survey the land
medir el terreno

10 acres for sale
10 acres en venta

 Apuntes de Gramática

Cuando quieres expresar que hay una sola cosa:

There's (There is) a farm near here: hay una finca cerca de aquí.
Is there a farm near here?: ¿hay una finca cerca de aquí?

Cuando quieres expresar que hay más de una cosa:

There are many plantations in this area
hay muchas plantaciones en esta zona

There aren't (There are not) many plantations in this area
no hay muchas plantaciones en esta zona

Practica con estos ejercicios

1 Une con una línea las palabras y frases en inglés con su significado en español

Estate	a	1	sembrar
Sow	b	2	finca
Harvest	c	3	cosechar
Cattle	d	4	trabajadores agrícolas
Farm hands	e	5	maíz
Corn	f	6	ganado

2 Elige la palabra o frase correcta que corresponda en cada caso

a. Cereales
1. grains
2. seed
3. crop

d. Faenar
1. seeder
2. sow
3. slaughter

b. Maíz
1. barley
2. sorghum
3. corn

e. Sembradora
1. seeder
2. harvester
3. tractor

c. Granero
1. acre
2. barn
3. stable

f. Cosechar
1. plant
2. sow
3. harvest

Las respuestas (Key) están al pie de la página siguiente. Unit 18

3   Escribe en inglés estas frases que aparecen en la lista

a. Cultivar la tierra.

b. Arrear el ganado.

c. Operar maquinaria pesada.

d. ¿Cuánto pagan por la mano de obra?

e. Lavar y enlatar los productos frescos.

f. Los insectos están matando a nuestras plantas.

Felicitaciones!

Has terminado con éxito la **Unidad 18**, donde aprendiste las **palabras más usadas** y las **frases más comunes** para utilizar **En un establecimiento agrícola**.

Unit 19

The plumber
El plomero

A menudo encontramos en nuestra casa diferentes tipos de problemas que requieren una solución inmediata. Uno de ellos es, sin duda, el relacionado con la plomería. Un caño que pierde, una canilla o un inodoro que no funciona, una pileta de lavar los platos que está obstruida pueden alterar el ritmo de nuestra casa y, sobre todo, nuestro humor. Por esta razón, es indispensable contar con un servicio de plomería que acuda con rapidez cuando lo solicitamos y que envíe plomeros que conozcan bien su oficio, sepan cómo solucionar rápidamente los problemas y puedan explicarnos claramente lo que ha sucedido.

Palabras más usadas

Install
(instá:l) instalar

Leak
(li:k) pérdida

Repair
(ripé:r) reparar

Faucet
(fá:sit) canilla/grifo

Bathroom
(bæzrum) baño

Toilet
(tóilet) inodoro

Pipe
(páip) caño/cañería

Water
(wá:re:r) agua

Shower
(sháur) ducha

Kitchen
(kíchen) cocina

Bathtub
(bǽztab) bañera

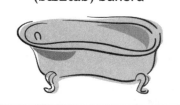

Tool
(tu:l) herramienta

Plunger
(plánshe:r)
destapacaños/sopapa

Clogged
(kla:gd) obstruido

Drain
(dréin) vaciar/desagüe

Flush
(flash) vaciar/descargar
el inodoro

Wrench
(rench) llave

Sewage
(sú:ish) desagüe cloacal

Lever
(léve:r) hacer palanca/
palanca

Waste
(wéist) desechos/residuos

Maintenance
(méintinens)
mantenimiento

Sink
(sink) lavatorio del baño/
pileta para lavar los platos

Labor
(léibe:r) mano de obra

Charge
(cha:rsh) cobrar

Bill
(bil): cuenta

Frases más comunes

Toilet won't flush
el inodoro no se vacía

Shower won't drain
el agua de la ducha
no circula

Sink won't drain
el agua de la pileta de
lavar los platos no circula

Faucet won't work
la canilla no funciona

There's no hot water
no hay agua caliente

No water is coming out
no sale agua

Can you fix/repair it?
¿puede repararlo?

Do you have a plunger?
¿tiene un destapacaños?

Pass me the wrench
páseme la llave

Turn off the water
cierre la llave de agua

Toilet is clogged
el inodoro está obstruido

**There's too much paper
in the toilet**
hay demasiado papel
en el inodoro

**Use plunger to
unblock toilet**
use el destapacaños para
destapar el inodoro

Hold down lever to flush
presione la palanca hacia
abajo para vaciar el inodoro

**Pour drainer fluid
down pipes**
vierta el líquido de
destape por los caños

There's a leak in the pipes
hay una pérdida en la cañería

We have to install new pipes
tenemos que instalar nuevos caños

The problem still isn't fixed
el problema no está arreglado todavía

It's an emergency
es una emergencia

Can you come after hours?
¿puede venir después del horario de trabajo?

When will you arrive?
¿a qué hora llegará?

Do you have an estimate for these services?
¿tiene un presupuesto para estos servicios?

Is there an installation fee?
¿hay una tarifa de instalación?

How much will it cost?
¿cuánto costará?

Apuntes de Gramática

Cuando algo no funciona de la manera esperada después de muchos intentos, puedes usar **won't** (will + not):

Toilet **won't** flush: el inodoro no se vacía.

Sink **won't** drain: el agua de la pileta de la cocina no circula.

Faucet **won't** work: la canilla no funciona.

Practica con estos ejercicios

1 Une con una línea las palabras y frases en inglés con su significado en español

Labor	a	1	herramienta
Clogged	b	2	reparar
Wrench	c	3	pérdida
Repair	d	4	mano de obra
Leak	e	5	llave
Tool	f	6	obstruido

2 Elige la palabra o frase correcta que corresponda en cada caso

a. Instalar
1. repair
2. charge
3. install

d. Inodoro
1. sink
2. toilet
3. bathroom

b. Cloacas
1. sewage
2. sink
3. wrench

e. Caño
1. pipe
2. tool
3. wrench

c. Pileta para lavar los platos
1. pipe
2. plunger
3. sink

f. Destapacaños
1. clogged
2. plunger
3. tool

Las respuestas (Key) están al pie de la página siguiente.

3 Escribe en inglés estas frases que aparecen en la lista

a. ¿Puede repararlo?

_____

b. Hay una pérdida en la cañería.

_____

c. El agua de la ducha no circula.

_____

d. No hay agua caliente.

_____

e. La canilla no funciona.

_____

f. Cierre la llave de agua.

_____

Key

1. a-4; b-6; c-5; d-2; e-3; f-1.
2. a-3; b-1; c-3; d-2; e-1; f-2.
3. a-Can you fix/repair it?; b-There's a leak in the pipes; c-Shower won't drain; d-There's no hot water; e-Faucet won't work; f-Turn off the water.

Felicitaciones!

Has terminado con éxito la **Unidad 19**, donde aprendiste las **palabras más usadas** y las **frases más comunes** para utilizar con **El plomero**.

Unit 20

The handyman

El especialista en reparaciones

Si necesitas remodelar la cocina o el baño, pintar la casa, realizar trabajos de carpintería, electricidad, colocación de pisos, o reparar un techo, deberás contratar a un especialista en este tipo de trabajos, que esté autorizado para hacerlos y tenga conocimientos y experiencia suficientes. Generalmente se contrata a una empresa que provee la persona adecuada para el trabajo solicitado. Ya sea que trabajes en una de estas empresas o por tu cuenta, lee las listas de palabras y frases más usadas para realizar estos trabajos.

Palabras más usadas

Fix
(fiks) reparar

Broken
(bróuken) roto

Remodel
(rimá:del) remodelar

Ladder
(læde:r) escalera

Stepping stool
(stéping stu:l) escalerita

Toolbox
(tú:lba:ks)
caja de herramientas

Hammer
(jæme:r) martillo

Nail
(néil) clavo

Screw
(skru:) tornillo

Screwdriver
(skrú:dráive:r)
destornillador

Saw
(sa:) sierra/serrucho

Measuring tape
(téip meshe:r)
cinta medidora

Super glue
(sú:pe:r glu:)
pegamento/adhesivo

Drill
(dril) taladro

Duct tape
(dákt téip) cinta
adhesiva industrial

Caulk
(ka:k) masilla selladora

Grout
(gráut)
mezcla para juntas

Electricity
(elektrí:siri)
electricidad

Flooring
(flá:ring)
construcción de pisos

Painting
(péinting) pintura

Gas leak
(gæs li:k)
pérdida de gas

Woodworking/Carpentry
(wú:dwe:rking/ká:rpentri)
carpintería

Estimate
(éstimeit) presupuesto

Time frame
(táim fréim) horario

Frases más comunes

What's the problem?
¿cuál es el problema?

What do you need fixed?
¿qué necesita arreglar?

Hold the base of the ladder
sostener la base de la escalera

Is there a stepping
stool in the garage?
¿hay una escalerita
en el garaje?

Cover the furniture
cubrir los muebles

Be careful/use caution
tenga cuidado/tome
precauciones

I need to order parts
necesito ordenar partes

I need to go to the
hardware store for screws
necesito ir a la ferretería
a comprar tornillos

I need to get something
out of my truck
necesito traer algo
del camión

I have to call my boss first
tengo que llamar a
mi jefe primero

Will the glue hold?
¿pegará bien el adhesivo?

I can fix the leak with caulk
puedo reparar la pérdida
con masilla selladora

I've fixed the problem
arreglé el problema

This can't be fixed
esto no tiene arreglo

What time will you be here?
¿a qué hora va a llegar?

Do you have experience
doing this?
¿tiene experiencia en este
tipo de trabajo?

Do you have a mobile number I can call?
¿tiene un número de celular al que pueda llamar?

When do you expect to be done by?
¿cuándo piensa que va a terminar?

How much will the labor cost?
¿cuánto costará la mano de obra?

I'll get a second opinion
pediré una segunda opinión

Can you give me an estimate?
¿puede darme un presupuesto?

Can you write an invoice of your services?
¿puede hacer una factura por sus servicios?

There will be an additional charge
habrá un recargo

Please, recommend me to your friends
por favor, recomiéndeme a sus amigos

I'll leave my business card with you
le dejaré mi tarjeta personal

 Apuntes de Gramática

El verbo **need** se usa para expresar necesidad:

I need to get something out of my truck
necesito traer algo del camión.

What do you need fixed?: ¿qué necesita arreglar?

I need to order parts: necesito ordenar partes.

Practica con estos ejercicios

1 Une con una línea las palabras y frases en inglés con su significado en español

Super glue	a		1	madera
Wood	b		2	caja de herramientas
Toolbox	c		3	roto
Screwdriver	d		4	adhesivo
Duct tape	e		5	destornillador
Broken	f		6	cinta medidora

2 Elige la palabra o frase correcta que corresponda en cada caso

a. Mezcla para juntas
1. caulk
2. grout
3. super glue

d. Clavo
1. screw
2. nail
3. hammer

b. Masilla selladora
1. caulk
2. screw
3. grout

e. Martillo
1. hammer
2. screwdriver
3. drill

c. Taladro
1. screwdriver
2. drill
3. saw

f. Escalera
1. stepping stool
2. ladder
3. toolbox

3 Escribe en inglés estas frases que aparecen en la lista

a. Esto no tiene arreglo.

b. Cubra los muebles.

c. ¿Cuánto costará la mano de obra?

d. ¿Cuándo piensa que va a terminar?

e. ¿Puede darme un presupuesto?

f. ¿Qué necesita arreglar?

Felicitaciones!

Has terminado con éxito la **Unidad 20**, donde aprendiste las **palabras más usadas** y las **frases más comunes** para utilizar con **El especialista en reparaciones.**

Unit 21

The nanny

La niñera

Cuidar niños es una tarea que requiere mucha paciencia y trabajo. La responsabilidad de las niñeras es muy grande, ya que los padres les confían sus hijos para que no solo los cuiden mientras ellos no están, sino para que también jueguen con ellos, estén atentas a sus necesidades y puedan resolver con seguridad cualquier situación que se presente. Es preciso, por lo tanto, que puedas comunicarte con fluidez, que entiendas perfectamente las instrucciones que recibes, que logres el respeto, la confianza y el cariño tanto de los niños como de sus padres, y que puedas responder a sus requerimientos.

Palabras más usadas

Newborn
(nú:bo:rn)
bebé recién nacido

Crib
(krib) cuna

Baby
(béibi) bebé

Diaper
(dáiepe:r) pañal

Bottle
(bá:rel) biberón

Toddler
(tá:dle:r) niño que
empieza a caminar

Stroller
(stróuler) carrito o
cochecito de bebé

Kids
(ki**dz**) hijos/niños

Duties
(dú:riz) obligaciones

Cry
(krái) llorar/gritar

Chores
(chorz) tareas

Snack
(snæk) colación

Babysitter
(béibisire:r) niñera por
períodos cortos

Meal
(mi:l) comida

Nursery
(né:rsery) guardería

Juice
(**sh**u:s) jugo

Look after
(lu:k æfte:r) cuidar

Carpool
(ká:rpu:l) pool de autos
(para llevar a los niños a la
escuela o pasar a buscarlos)

Playroom
(pléiru:m)
sala de juegos

Mom
(ma:m) mami

Sleepover
(sli:póuver) pijama party

Dad
(**d**æ**d**) papi

Park
(pa:rk) parque

Bedtime
(bé**d**taim) hora de ir a dormir

Game
(géim) juego

Nap
(næp) siesta

Frases más comunes

I'm their nanny
soy su niñera

Who should I call if there is an emergency?
¿a quién debo llamar si hay una emergencia?

Do I have weekends off?
¿tengo libres los fines de semana?

Does salary include room and board?
¿el salario incluye cama y comida?

Is she potty trained?
¿va al baño sola?

Time to wake up!
¡hora de levantarse!

Let's get dressed
vamos a vestirnos

Brush your teeth
lávate los dientes

Get ready for school
prepararse para la escuela

Time for school
hora de ir a la escuela

Time for a nap
hora de dormir la siesta

Plan a play date
planear una cita para jugar en la casa de un amigo

Let's go to the park
vayamos al parque

Do you want a snack?
¿quieres una colación?

What do you want for lunch?
¿qué quieres almorzar?

Time to clean up!
¡hora de ordenar!

You're grounded!
¡estás castigado!

Go to time out
ve a tu cuarto
(como castigo)

**What time should
I pick her up?**
¿a qué hora debo
ir a buscarla?

**Your parents will
be back later**
tus padres volverán
más tarde

It's bath time
es hora de bañarse

**Do you want to
read a bedtime story?**
¿quieres leer un cuento
antes de dormir?

What's wrong?
¿te ocurre algo?

Do you feel okay?
¿te sientes bien?

Did you have fun today?
¿te divertiste hoy?

Apuntes de Gramática

I: yo	**It:** eso/ello
You: tú	**We:** nosotros/as
He: él	**You:** ustedes
She: ella	**They:** ellos/as

Practica con estos ejercicios

1 Une con una línea las palabras y frases en inglés con su significado en español

Toddler	a		1	ve a tu cuarto
Crib	b		2	niño que empieza a caminar
Sleepover	c		3	¡hora de levantarse!
Time to wake up!	d		4	cuna
Go to time out	e		5	lávate los dientes
Brush your teeth	f		6	pijama party

2 Elige la palabra o frase correcta que corresponda en cada caso

a. Niño
1. newborn
2. baby
3. kid

d. Carrito
1. toddler
2. stroller
3. chores

b. Niñera temporaria
1. nursery
2. babysitter
3. nanny

e. Juego
1. playroom
2. game
3. duties

c. Cuna
1. crib
2. bedtime
3. stroller

f. Hora de ir a dormir
1. sleepover
2. nap
3. bedtime

3 Escribe en inglés estas frases que aparecen en la lista

a. ¿Quieres una colación?

___

b. ¿Tengo libres los fines de semana?

___

c. ¿Va al baño solo?

___

d. Tus padres volverán más tarde.

___

e. Hora de ir a la escuela.

___

f. Hora de dormir la siesta.

___

Felicitaciones!

Has terminado con éxito la **Unidad 21**, donde aprendiste las **palabras más usadas** y las **frases más comunes** para utilizar con **La niñera**.

Unit 22

At the Daycare

En la guardería infantil

La decisión de enviar un niño a la guardería infantil es una de las más importantes para los padres, ya que los niños darán allí los primeros pasos hacia una crianza comprometida con el desarrollo de sus habilidades personales, su alfabetización, su salud y sus necesidades especiales. Aprenderán a jugar en grupos, a relacionarse y a hacer nuevos amigos. El lugar que escojas para el cuidado de tu hijo deberá reunir ciertas condiciones fundamentales para que te sientas seguro de que estará en las mejores manos. En esta unidad, encontrarás el vocabulario que te ayudará a obtener toda la información que necesitas si debes tomar esta decisión o si trabajas en una guardería.

Palabras más usadas

Care
(ker) cuidado

Caregiver
(kergíve:r)
cuidador/cuidadora

Care for
(ker fe:r) cuidar

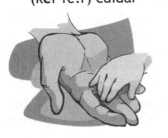

Child care center
(cháild ker céne:r)
centro de
cuidado de niños

Daycare center
(déiker céne:r)
guardería infantil

Preschool/Pre-k
(pri:skú:l/pri:kéi)
preescolar

Attention
(eténshen) atención

Field trip
(fi:ld trip) excursión

After school program
(æfte:r sku:l próugræm)
cuidado de niños después
del horario escolar

Snack time
(snæk táim)
hora de la colación

Nap time
(næp táim)
hora de la siesta

Early child education
(é:rli cháild edyukéishen)
educación temprana

Language development
(længuish divélepment)
desarrollo del lenguaje

Parents
(pérents) padres

Mixed ages
(míkst éishiz)
edades diferentes

Disability
(disebíleri) incapacidad

Special needs
(spéshel ni:dz)
necesidades especiales

Learning disability/disorder
(lé:rning disebíleri/disó:rde:r)
problemas de aprendizaje

Toy
(tói) juguete

Paint book
(péint bu:k)
libro para pintar

Blocks
(bla:ks) ladrillos

Playground
(pléigraund)
parque de juegos

Puzzle
(pázel) rompecabezas

Learn
(le:rn) aprender

Hurt
(je:rt) lastimar/lastimado

Play
(pléi) jugar

Play clothes
(pléi klóudz)
muda de ropa para jugar

Frases más comunes

I have to choose a
day care center
tengo que elegir un centro
de cuidado de niños

How can I find a care
provider in my area?
¿cómo puedo encontrar un
cuidador en mi zona?

What are your
requirements?
¿cuáles son sus requisitos?

What will my child learn?
¿qué aprenderá mi hijo?

What are the
learning activities?
¿cuáles son las actividades
de aprendizaje?

What kind of activities
can my child participate in?
¿en qué tipo de actividades
puede participar mi hijo?

Are children watched
at all times?
¿vigilan a los niños
todo el tiempo?

Is the play space
well organized?
¿el espacio para juegos
está bien organizado?

Where do kids nap?
¿adónde duermen la
siesta los niños?

Is there an outdoorplay area?
¿hay un espacio exterior
para juegos?

How many children are
there for each caregiver?
¿cuántos niños hay por
cada cuidadora?

How many children are
in the group?
¿cuántos niños hay
en el grupo?

How's my daughter doing?
¿cómo le va a mi hija?

What's the drop off time?
¿a qué hora debo traerla?

What's the pick up time?
¿a qué hora debo pasarla a buscar?

Did my son behave today?
¿se portó bien mi hijo hoy?

May I drop in anytime?
¿puedo visitarlo a cualquier hora?

Who should we call in case of an emergency?
¿a quién debemos llamar en caso de emergencia?

Are you certified in CPR and first aid?
¿tiene certificación para realizar reanimación cardiorrespiratoria y primeros auxilios?

Is there a nurse on call?
¿hay una enfermera de guardia?

Is your child potty trained?
¿su hijo va al baño solo?

How many meals are served a day?
¿cuántas comidas sirven por día?

How much does it cost a month?
¿cuánto cuesta por mes?

Apuntes de Gramática

Puedes usar **what, who, where** y **how** al comienzo de preguntas:

What will my child learn?: ¿qué aprenderá mi hijo?

Who should I call?: ¿a quién debo llamar?

Where do kids nap?: ¿adónde duermen la siesta los niños?

How's my daughter doing?: ¿cómo le va a mi hija?

Practica con estos ejercicios

1 Une con una línea las palabras y frases en inglés con su significado en español

Child care center	a	1	problemas de aprendizaje
Daycare center	b	2	cuidado después del horario escolar
Learning disability	c	3	educación temprana
Early child education	d	4	excursión
After school program	e	5	centro de cuidado de niños
Field trip	f	6	guardería infantil

2 Elige la palabra o frase correcta que corresponda en cada caso

a. Incapacidad
1. disorder
2. disability
3. development

d. Aprender
1. play
2. care
3. learn

b. Cuidado
1. care
2. attention
3. caregiver

e. Jugar
1. learn
2. play
3. care for

c. Padres
1. child
2. caregiver
3. parents

f. Pre-escolar
1. early education
2. preschool
3. daycare

Las respuestas (Key) están al pie de la página siguiente.

3   Escribe en inglés estas frases que aparecen en la lista

a. ¿Su hijo va al baño solo?

---

b. ¿Hay una enfermera de guardia?

---

c. ¿Se portó bien mi hijo hoy?

---

d. ¿A qué hora debo traerla?

---

e. ¿Cómo le va a mi hija?

---

f. ¿Cuáles son sus requisitos?

Key

1. a-5; b-6; c-1; d-3; e-2; f-4.
2. a-2; b-1; c-3; d-3; e-2; f-2.
3. a-Is your child potty trained?; b-Is there a nurse on call?; c-Did my son behave today?; d-What's the pick up time?; e-How's my daughter doing?; f-What are your requirements?

Felicitaciones!

Has terminado con éxito la **Unidad 22**, donde aprendiste las **palabras más usadas** y las **frases más comunes** para utilizar en **La guardería infantil**.

Unit 23

Taking care of older people
El cuidado de las personas mayores

Las personas mayores necesitan cuidados especiales por parte de instituciones y profesionales que estén preparados para atender su salud física y mental, brindar asistencia médica y psicológica, así como también contención emocional. Es necesario que quien cuida a una persona mayor conozca cómo manejarse en situaciones de emergencia, esté capacitada en primeros auxilios, sepa cómo tratar a las personas que tienen enfermedades crónicas, incapacidad física o mental y pueda comunicarse fluidamente no solo con las personas que cuida, sino también con sus familiares y con los médicos.

Palabras más usadas

Retirement home
(ritáirment jóum)
hogar de retiro

Nursing home
(**sheriætrik**) geriátrico

Assisted living facility
(esístid líving faecíliri) centro de residencia asistida

Caretaker
(kertéiker)
cuidador/cuidadora

Nurse
(ne:rs)
enfermero/enfermera

Wheelchair
(wi:lche:r) silla de ruedas

Walker
(wáke:r)
andadera/andador

Cane
(kéin) bastón

Medicine
(médisen) medicamento

Pill box
(pil ba:ks) caja
de píldoras

Roommate
(rúmeit) compañero/
compañera de cuarto

Ear plug
(ir plág) protector
para el oído

Activity
(æktíveri) actividad

Disease
(dizí:z) enfermedad

Shot
(sha:t) vacuna/inyección

Sick
(sik) enfermo/enferma

Vitamin
(váiremin) vitamina

Deaf
(def) sordo/sorda

Doctor's appointment
(dá:kte:rz epóintment)
cita con el médico

Blind
(bláind) ciego/ciega

Medicare
(médiker) programa de
seguro de salud para
personas mayores

Social security
(sóushel sikyú:reri)
seguridad social

Diabetic
(daiebérik)
diabético/diabética

Visiting hours
(víziting áurz)
horario de visita

Incontinence
(inká:ntinens)
incontinencia

Frases más comunes

I'd like to take a tour of the facilities
me gustaría recorrer las instalaciones

Have you considered assisted living?
¿ha considerado ir a un centro de residencia asistida?

Have you taken your medicine today?
¿ha tomado su medicamento hoy?

Have you noticed any changes in your health?
¿ha notado cambios en su salud?

What's your blood pressure?
¿cuál es su presión sanguínea?

You need to take your shot of insulin
necesita su inyección de insulina

I need help getting up
necesito ayuda para levantarme

My vitamins are almost out
se están acabando mis vitaminas

Which pharmacy do you go to?
¿a qué farmacia va?

I need to refill my prescription
necesito pedir de nuevo mis medicamentos recetados

My vision is getting worse
mi vista está empeorando

You need to change your diet
necesita cambiar su dieta

Eat more fruits and vegetables
coma más frutas y verduras

I can't find my glasses
no puedo encontrar mis anteojos

I need stronger bifocals
necesito anteojos bifocales con más aumento

You should exercise more
debería ejercitarse más

I've started physical therapy
he comenzado una terapia física

I have poor circulation
tengo mala circulación

She has dementia
ella tiene demencia senil

Are you receiving your social security checks?
¿está recibiendo sus cheques de seguridad social?

Did insurance pay for your doctor's visit?
¿el seguro pagó su visita médica?

Do you have family around here?
¿tiene familia por aquí?

Please fill out these forms
por favor, complete estos formularios

We provide lots of group activities
organizamos muchas actividades grupales

Call 911 in case of an emergency
llame al 911 en caso de emergencia

 Apuntes de Gramática

Have tiene dos significados diferentes:

-»tener»:
Do you have family around here?: ¿tiene familia por aquí?
She has dementia: ella tiene demencia senil.

-»haber». En este caso se usa junto con otro verbo:
Have you taken your medicine today?
¿ha tomado su medicamento hoy?
Have you noticed any changes in your health?
¿ha notado cambios en su salud?

Practica con estos ejercicios

1 Une con una línea las palabras y frases en inglés con su significado en español

Retirement home	a	1	protector para el oído
Ear plug	b	2	horario de visita
Deaf	c	3	silla de ruedas
Cane	d	4	hogar de retiro
Wheelchair	e	5	bastón
Visiting hours	f	6	sordo

2 Elige la palabra o frase correcta que corresponda en cada caso

a. Centro de Residencia Asistida
1. nursing home
2. assisted living facility
3. retirement home

b. Cuidador
1. nurse
2. caretaker
3. roommate

c. Ciego
1. blind
2. deaf
3. sick

d. Enferma
1. disease
2. sick
3. deaf

e. Cita con el médico
1. activity
2. visit
3. appointment

f. Vacuna
1. shot
2. prescription
3. therapy

Las respuestas (Key) están al pie de la página siguiente.

Unit 23

3   Escribe en inglés estas frases que aparecen en la lista

a. He comenzado una terapia física.

_____

b. Tengo mala circulación.

_____

c. No puedo encontrar mis anteojos.

_____

d. Necesita cambiar su dieta.

_____

e. Necesita su inyección de insulina.

_____

f. ¿Ha tomado su medicamento hoy?

_____

¡**Felicitaciones!**

Has terminado con éxito la **Unidad 23**, donde aprendiste las **palabras más usadas** y las **frases más comunes** para utilizar en **El cuidado de las personas mayores.**

Unit 24

The cleaner

El personal de limpieza

La persona encargada de la limpieza cumple una función muy importante en su lugar de trabajo y debe tener los conocimientos necesarios para cumplir con las múltiples tareas que debe realizar, por ejemplo: limpiar la cocina, los baños y las diferentes habitaciones de una casa, lavar y planchar la ropa, limpiar los muebles, mantener ordenada una casa con niños y mascotas. También deberá tener un manejo del lenguaje propio de su actividad que le permita entender lo que se espera de ella y plantear sus dudas o requerimientos. En la siguiente lista, encontrarás vocabulario muy útil para realizar tu trabajo cotidiano.

Palabras más usadas

Mess
(mes) desorden

Sweep
(swi:p) barrer

Maid
(méid) mucama

Dust
(dast) quitar el polvo

Mop
(ma:p) limpiar el piso/
limpiador de pisos

Chores
(chorz) tareas

Tidy
(táidi) ordenar/ordenado

Vacuum
(vǽkyu:m) pasar la aspiradora

Fragile
(frǽshel) frágil

Scrub
(skrab) refregar/limpiar profundamente

Laundry
(lá:ndri) lavandería/ropa para lavar

Liquid soap
(líkwid sóup) jabón líquido

Washing machine
(wá:shing meshí:n) lavarropas / lavadora

Stain
(stéin) mancha

Dryer
(dráie:r) secadora de ropa

Dish washer
(dish wá:she:r) lavaplatos

Detergent
(di:té:rshent) detergente

Disinfectant
(disenféktent) desinfectante

Glass cleaner
(glæs klí:ne:r) limpiavidrios

Sponge
(spa:nsh) esponja

Rag
(ræg) trapo

Steel wool
(sti:l wu:l) esponja de acero

Bed linen
(bed láinin) sábanas y fundas

Towel
(táuel) toallas

Air dry
(er drái) secar al aire libre

INGLÉS PRÁCTICO

151

Frases más comunes

We need maid service once a week
necesitamos el servicio de mucamas una vez por semana

What is your hourly rate?
¿cuánto cobra por hora?

How long will you stay?
¿cuánto tiempo se va a quedar?

What is your cancellation policy?
¿cómo se manejan las cancelaciones?

How much do you pay?
¿cuánto paga?

The house must be empty when I clean
la casa debe estar vacía cuando limpio

Sweep the floors
barrer el piso

Scrub the toilets
limpiar profundamente los baños

Strip the beds
deshacer las camas

Clear the table
levantar la mesa

Clean up your room
limpia tu habitación

Do the dishes
lavar los platos

Pick up your clothes
recoge tu ropa

Put your shoes away
guarda tus zapatos

Put your dirty clothes in the hamper
pon la ropa sucia en el canasto

Wash by hand
lavar a mano

Is this machine washable?
¿puede lavarse en el lavarropas?

Separate whites and colors
separar la ropa blanca de la de color

What wash cycle should I use?
¿qué programa de lavado debo usar?

Do not put this in the dryer
no colocar en el secarropas

Do you provide your own cleaning supplies?
¿usted provee sus propios elementos de limpieza?

We keep supplies in the closet
guardamos los artículos de limpieza en el armario

Do you need clean bed linens?
¿necesita sábanas y fundas limpias?

Keep out of reach of children
mantener fuera del alcance de los niños

Be careful with fragile objects
tenga cuidado con los objetos frágiles

Apuntes de Gramática

El verbo **to be** tiene dos significados: ser y estar.

I am American: soy americano.

You are at home: tú estás en tu casa.

She is a maid: ella es mucama.

Are they tired?: ¿están ellos cansados?

Practica con estos ejercicios

1 Une con una línea las palabras y frases en inglés con su significado en español

Tidy	a		1	lava los platos
Vacuum	b		2	¿puede lavarse en el lavarropas?
Mess	c		3	desorden
Do the dishes	d		4	deshacer las camas
Is this machine washable?	e		5	ordenado
Strip the beds	f		6	pasar la aspiradora

2 Elige la palabra o frase correcta que corresponda en cada caso

a. Mancha
1. mop
2. rag
3. stain

d. Quitar el polvo
1. mop
2. dust
3. scrub

b. Refregar
1. scrub
2. dust
3. vacuum

e. Barrer
1. sweep
2. tidy
3. mop

c. Secarropas
1. washing machine
2. dish washer
3. dryer

f. Toalla
1. bed linen
2. rag
3. towel

Las respuestas (Key) están al pie de la página siguiente.

Unit 24

3 Escribe en inglés estas frases que aparecen en la lista

a. Deshacer las camas.

_____

b. ¿Cuánto se va a quedar?

_____

c. ¿Cuánto paga?

_____

d. Lavar a mano.

_____

e. Levantar la mesa.

_____

f. Recoge tu ropa.

_____

Felicitaciones!

Has terminado con éxito la **Unidad 24**, donde aprendiste las **palabras más usadas** y las **frases más comunes** para utilizar con **El personal de limpieza.**

Unit 25

The hairdresser
La peluquera

Ir a la peluquería puede resultar, según quien deba hacerlo, una obligación o una actividad muy placentera. Para las mujeres, por lo general, es un momento que dedican a sí mismas y a su imagen personal. Los hombres, en cambio, pueden considerarlo solo como algo necesario, algo que deben hacer con cierta frecuencia, aunque cada vez son más los que utilizan otros servicios, además de cortarse el pelo. Las peluquerías ofrecen diferentes opciones de corte, tintura y peinado, por lo que resulta conveniente contar con el vocabulario básico necesario para poder explicar lo que uno quiere exactamente o, si eres peluquero, entender muy bien lo que solicitan tus clientes.

Palabras más usadas

Hairdresser
(jérdrese:r)
peluquero/peluquera

Hair salon
(jer selá:n) peluquería

Barber shop
(bá:rbe:r sha:p)
peluquería para hombres

Hair
(jer) pelo

Shampoo
(shæmpú:) champú

Cut
(kat) cortar/corte

Trim
(trim) recortar

Highlights
(jáilaits) reflejos claros

Dry
(drái) secar

Wash (wa:sh) lavar	**Perm** (perm) permanente
Shave (shéiv) afeitar	**Comb** (kóum) peinar/peine
Style (stáil) estilo	**Hairdryer** (jérdraie:r) secador

Conditioner (kendíshene:r) acondicionador	
Blonde/Blond (bla:nd) rubia/rubio	**Dye** (dái) teñir
Brunette (brunét) mujer de pelo castaño	**Rinse** (rints) enjuagar/ enjuague
	Scissors (sí:ze:rs) tijera

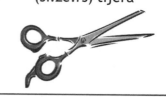

Lowlights (lóulaits) reflejos oscuros	
Beard (bird) barba	**Razor** (réize:r) navaja
Bangs (bængz) flequillo	**Hairspray** (jerspréi) laca fijadora

Frases más comunes

I'd like a cut and dry, please
quisiera que me corte y me seque el pelo, por favor

Do you want layers?
¿quiere un corte en capas?

I'd like a razor cut
quisiera un corte a la navaja

Can you trim my bangs?
¿puede recortar mi flequillo?

Do you have a style in mind?
¿tiene algún estilo en mente?

I just want a dry cut
quisiera un corte en seco

I just want the ends trimmed
solo quiero que recorte las puntas

Can you remove the split ends?
¿puede cortar las puntas florecidas?

Take a little off the top and sides, please
corte un poco arriba y a los costados, por favor

I'm going to thin out your hair a little
voy a entresacarle un poco de pelo

When was your last haircut?
¿cuándo se cortó el pelo por última vez?

How often do you wash your hair?
¿cada cuánto se lava el pelo?

I washed my hair this morning
me lavé el pelo esta mañana

I don't like long hair
no me gusta el pelo largo

Do you like short hair?
¿te gusta el pelo corto?

Do you flat iron your hair?
¿usted se plancha el pelo?

I need a hair-do
quisiera que me haga
un peinado

I need a style/up-do
quisiera un peinado recogido

What's your natural color?
¿cuál es su color natural?

**Do you want to go
darker or lighter?**
¿quiere oscurecerse o
aclararse el pelo?

**Would you like a full
or partial highlight?**
¿quiere reflejos en todo el
pelo o en algunas capas?

**Do you use any
styling products?**
¿usa algún producto de
peinado especial?

**Would you like to purchase
any product today?**
¿va a comprar algún
producto hoy?

**Would you like any
other services today?**
¿quiere algún otro
servicio hoy?

✔ *Apuntes de Gramática*

Para formar preguntas con el verbo **to be**,
debes colocarlo al principio de la oración:

Are you a hairdresser?: ¿eres peluquero?

Is it a good styling product?
¿es un buen producto para peinado?

Are they at the hair salon?: ¿están ellos en la peluquería?

Practica con estos ejercicios

1 Une con una línea las palabras y frases en inglés con su significado en español

Comb	a	1	enjuagar
Highlights	b	2	teñir
Rinse	c	3	peinar
Dye	d	4	afeitar
Shave	e	5	reflejos claros
Trim	f	6	recortar

2 Elige la palabra o frase correcta que corresponda en cada caso

a. Peinado
1. hair-do
2. comb
3. up-do

d. Secador
1. hairdryer
2. comb
3. hairspray

b. Recortar
1. shave
2. cut
3. trim

e. Teñir
1. dry
2. dye
3. trim

c. Flequillo
1. beard
2. bangs
3. hair

f. Tijera
1. cut
2. razor
3. scissors

Las respuestas (Key) están al pie de la página siguiente.

Unit 25

3   Escribe en inglés estas frases que aparecen en la lista

a. No me gusta el pelo largo.

_____

b. Me lavé el pelo esta mañana.

_____

c. ¿Puede recortar mi flequillo?

_____

d. Quisiera un corte a la navaja.

_____

e. ¿Cuál es su color natural?

f. ¿Te gusta el pelo corto?

_____

Key

1. a-3; b-5; c-1; d-2; e-4; f-6.
2. a-1; b-3; c-2; d-1; e-1; f-3.
3. a-I don't like long hair; b-I washed my hair this morning; c-Can you trim my bangs?; d-I'd like a razor cut; e-What's your natural color?; f-Do you like short hair?

¡Felicitaciones!

Has terminado con éxito la **Unidad 25**, donde aprendiste las **palabras más usadas** y las **frases más comunes** para utilizar con **La peluquera.**

Unit 26
Buying clothes and shoes
Comprar ropa y zapatos

Salir de compras suele ser un pasatiempo muy entretenido para mucha gente. Algunas veces el vestido, los pantalones o los zapatos que ves en una vidriera te quedan perfectos, como si hubieran sido hechos para ti. En otros casos, no tendrás tanta suerte y deberás probarte varios modelos hasta encontrar uno adecuado. En cualquier caso, para evitar desilusiones, será conveniente que consultes el precio antes de probarte algo, ya que puedes llevarte una sorpresa desagradable. En esta unidad, encontrarás el vocabulario necesario que te ayudará en tu excursión por un centro comercial.

Palabras más usadas

Blouse (bláus) blusa	**T-Shirt** (ti: she:rt) camiseta
Dress (**dres**) vestido	**Coat** (kóut) abrigo
Skirt (ske:rt) falda	**Jacket** (**shæ**kit) chaqueta
Sweater (sw**é**re:r) suéter	**Overcoat** (óuve:rkout) sobretodo
	Shirt (she:rt) camisa
	Tie (tái) corbata

Pants
(pænts)
pantalones largos

Suit
(su:t) traje

Raincoat
(réinkout) impermeable

Scarf
(ska:rf) bufanda

Gloves
(glavz) guantes

Purse
(pe:rs) cartera

Boots
(bu:ts) botas

Shoes
(shu:z) zapatos

High-heeled
(jái jí:ld)
con tacos altos

Low-heeled
(lóu ji:ld) con tacos bajos

Running shoes/Sneakers
(ráning shu:z/sní:ke:rs)
zapatillas deportivas/tenis

Swimsuit
(swi:msu:t) traje de
baño de mujer

Trunks
(tránks) traje de
baño de hombre

Pajamas
(pejæmes) pijama

Try-on
(trái a:n) probarse

Put on
(put a:n) ponerse

Take off
(téik a:f) quitarse

Frases más comunes

How can I help you?
¿en qué puedo ayudarla?

Can I help you?
¿puedo ayudarla?

I'd like to see that purse, please
me gustaría ver aquella cartera, por favor

I'm looking for a raincoat
busco un impermeable

What style of pants do you want?
¿qué estilo de pantalón busca?

Are you looking for anything in particular?
¿está buscando algo en particular?

Any particular color?
¿algún color en particular?

What colors do they come in?
¿en qué colores vienen?

Does it match with my sweater?
¿combina con mi suéter?

This goes well with my jacket
esto combina con mi chaqueta

I'm just looking, thanks
sólo estoy mirando, gracias

Does it fit you?
¿le queda bien?

How does it fit?
¿cómo le queda?

It looks good on you
le queda bien

It suits you
te queda bien

Try on these boots
pruébese estas botas

Why don't you try a different size?
¿por qué no prueba otra talla?

Is it on sale?
¿está en oferta?

How much are they?
¿cuánto cuestan?

Are they comfortable?
¿son cómodas?

I'll take it
lo llevo

Do you have it in my size?
¿tiene en mi talla?

How are you paying?
¿cómo va a pagar?

 Apuntes de Gramática

Cuando debes hacer preguntas en presente, con todos los verbos excepto **to be**, usas **do** (con **I, you, we, they**) y **does** (con **he, she, it**):

Do you have it in my size?: ¿tiene en mi talla?

What colors do they come in?: ¿en qué colores vienen?

Does she like this color?: ¿a ella le gusta este color?

Does it fit you?: ¿le queda bien?

How does it fit?: ¿cómo le queda?

Practica con estos ejercicios

1 Une con una línea las palabras y frases en inglés con su significado en español

Skirt	a	1	impermeable
Coat	b	2	cartera
Raincoat	c	3	falda
Purse	d	4	zapatos
Shoes	e	5	abrigo
Trunks	f	6	traje de baño de hombre

2 Elige la palabra o frase correcta que corresponda en cada caso

a. Camisa
1. shirt
2. t-shirt
3. skirt

d. Zapatillas deportivas
1. trunks
2. shoes
3. sneakers

b. Bufanda
1. purse
2. gloves
3. scarf

e. Quitarse
1. try-on
2. take off
3. put on

c. Probarse
1. try-on
2. put on
3. take off

f. Corbata
1. scarf
2. t-shirt
3. tie

Las respuestas (Key) están al pie de la página siguiente.

3 Escribe en inglés estas frases que aparecen en la lista

a. ¿Por qué no prueba otra talla?

_____

b. Pruébese estas botas.

_____

c. ¿Cómo le queda?

_____

d. Me gustaría ver aquella cartera.

_____

e. ¿En qué colores vienen?

_____

f. Sólo estoy mirando, gracias.

_____

Felicitaciones!

Has terminado con éxito la **Unidad 26**, donde aprendiste las **palabras más usadas** y las **frases más comunes** para utilizar para **Comprar ropa y zapatos.**

Unit 27

Buying books and music
Comprar libros y música

Disfrutar de un buen libro o de la música que más nos gusta nos hace relajar y sentirnos mejor. Si la historia contada en una novela nos atrapa, somos capaces de leerla completa en un día. Y también podemos esperar en fila durante horas para comprar una entrada para ver a nuestro cantante preferido o cruzar la ciudad para comprar su último CD. La lectura y la música ocupan una parte muy importante de nuestras vidas, y nos ayudan a distraernos y pasar buenos momentos. Cualquiera sea el tipo de libros que te gusten –novelas románticas, de suspenso o poesías- o la música que escuchas –rock, música latina, música pop- la siguiente lista de palabras y frases te resultará muy útil para encontrar lo que buscas.

Palabras más usadas

Novel
(ná:vel) novela

Play
(pléi) obra de teatro

Short story
(sho:rt stó:ry) cuento

Bookstore
(búksto:r) librería

Book club
(buk klab) club de lectores

Used bookstore
(yu:zd búksto:r)
librería de libros usados

Poetry
(póuetri) poesía

Secondhand books
(sékendjænd buks)
libros usados

Poem
(póuem) poema

Audiobook
(a:diobuk) libro con audio

Live
(láiv) en vivo

Country music
(kántri myú:zik)
música country

Disco music
(dískou myú:zik) música disco

Jazz
(shæz) jazz

Lyrics
(líriks)
letras de canciones

Song
(sá:ng) canción

Singer
(sínge:r) cantante

Writer
(ráire:r) escritor

Pop music
(pa:p myú:zik)
música pop

Rap
(ræp) rap

Rock
(ra:k) rock

Latin music
(lærin myú:zik)
música latina

Soundtrack
(sáundtræk)
música de películas

CD
(si: di:) CD

DVD
(di: vi: di:) DVD

CD player
(si: di: pléie:r)
reproductor de CD

Mp3 player
(em pi: zri: pléie:r)
reproductor de Mp3

DJ/Disc jockey
(di: shéi/disk shá:ki)
disc jockey

Frases más comunes

What kind of music do you like?
¿qué clase de música te gusta?

What's your favorite song?
¿cuál es tu canción preferida?

Who's your favorite band?
¿cuál es tu banda preferida?

Are you looking for a specific genre?
¿buscas algún género en especial?

Do you have the live recording?
¿tiene una grabación en vivo?

I remember the soundtrack of that movie
recuerdo la música de esa película

Where are your new releases?
¿dónde están las novedades?

Listen to music
escuchar música

What was the book about?
¿cuál era el tema del libro?

This book is about...
el libro trata sobre...

Who's your favorite author?
¿quién es tu autor favorito?

Join a book club
ingresar a un club de lectores

Is this a first edition?
¿esta es una primera edición?

Download music from Internet
descargar música de Internet

Do you have this in paperback?
¿lo tiene como libro de bolsillo?

Who's your favorite singer?
¿quién es tu cantante favorito?

How much does this CD cost?
¿cuánto cuesta este CD?

Can you help me locate a book?
¿puede ayudarme a encontrar un libro?

Do you have the last Harry Potter book?
¿tiene el último libro de Harry Potter?

What is the author's last name?
¿cuál es el apellido del autor?

We're sold out
está agotado

We can order it for you
podemos pedirlo para usted

 Apuntes de Gramática

Para indicar posesión debes usar estas palabras:

my: mi/mis
your: tu/tus; su/sus
her: su/sus (fem.)
his: su/sus (masc.)
its: su/sus (animales, cosas)
our: nuestro/s; nuestra/s
your: su/sus
their: su/sus

Who's your favorite singer?
¿quién es tu cantante favorito?

He's my favorite author
él es mi autor preferido

I like her mp3 player
me gusta su reproductor de mp3

Practica con estos ejercicios

1	Une con una línea las palabras y frases en inglés con su significado en español

Novel	a		1	escritor
Bookstore	b		2	libro con audio
Writer	c		3	cantante
Soundtrack	d		4	librería
Singer	e		5	novela
Audiobook	f		6	música de películas

2	Elige la palabra o frase correcta que corresponda en cada caso

a. Música de películas
1. lyrics
2. country music
3. soundtrack

d. Letras de canciones
1. lyrics
2. writer
3. poetry

b. Cuento
1. novel
2. short story
3. play

e. Canción
1. lyrics
2. song
3. singer

c. Librería de libros usados
1. bookstore
2. book club
3. used bookstore

f. Librería
1. used bookstore
2. bookstore
3. book club

Las respuestas (Key) están al pie de la página siguiente.

Unit 27

3 Escribe en inglés estas frases que aparecen en la lista

a. ¿Qué clase de música te gusta?

_____

b. ¿Puede ayudarme a encontrar un libro?

_____

c. Escuchar música.

_____

d. Recuerdo la música de esa película.

_____

e. ¿Cuál es tu banda preferida?

_____

f. ¿Cuál era el tema del libro?

_____

Felicitaciones!

Has terminado con éxito la **Unidad 27**, donde aprendiste las **palabras más usadas** y las **frases más comunes** para utilizar para **Comprar libros y música.**

Unit 28

Sports
Los deportes

Los deportes atraen a muchísima gente en todas partes del mundo. En los Estados Unidos, los deportes más populares son el fútbol americano, el béisbol y el básquetbol. En Europa y América Latina, el fútbol. También tienen muchos seguidores el tenis, el golf, el hockey sobre hielo, el rugby, el ciclismo y el automovilismo. Ya sea como espectadores o como participantes, las actividades deportivas atraen la atención de millones de personas que concurren a las canchas o miran las competencias por televisión. Aquí encontrarás el vocabulario básico de los deportes en general y muchas expresiones que escucharás repetidamente para conversar sobre diferentes deportes.

Palabras más usadas

Ball
(ba:l) balón/pelota

Game/Match
(géim/mæch) partido

Coach
(kóuch) entrenador

Home team
(jóum tí:m) equipo local

Away team
(ewéi ti:m)
equipo visitante

Rival/Opponent
(ráivel/epóunent) rival

Kick off
(kik a:f) puntapié inicial/
comienzo

Goal
(góul) gol

Referee/Umpire
(réferi:/ámpáir) referí

Rules of the game
(ru:lz ev de géim)
reglamento del juego

Half-time
(ha:f táim) primer tiempo

Result/Outcome
(rizalt/áutkem) resultado

Beat
(bi:t) vencer

Defeat
(difí:t)
vencer/derrotar

Score
(sko:r)
marcar/marcador

Win
(win) ganar

Tie
(tái) empatar/empate

Lose
(lu:z) perder

Winner
(wíne:r) ganador

Runner-up
(ráne:r ap) segundo

Court
(ko:rt) campo de juego (en
tenis, básquetbol, voleibol)

Pitch
(pich) campo de juego
(en críquet, béisbol)

Field
(fi:ld) campo de juego
(en béisbol, fútbol, fútbol
americano, hockey, etc.)

Course
(ko:rs) cancha de golf

Standing
(stænding) clasificación

Regular season
(régyu:le:r sí:sen)
temporada

Frases más comunes

Are you good at sports?
¿eres bueno para los deportes?

What's your favorite sport?
¿cuál es tu deporte favorito?

Do you play tennis?
¿juegas al tenis?

What's your favorite
soccer team?
¿cuál es tu equipo de
fútbol preferido?

Does your school have
a baseball team?
¿tu escuela tiene un
equipo de béisbol?

Do you now how to
play volleyball?
¿sabes jugar al voleibol?

Do you like watching box?
¿te gusta mirar boxeo?

Who's your favorite
tennis player?
¿quién es tu jugador
de tenis favorito?

How many players are
on a hockey team?
¿cuántos jugadores hay en
un equipo de hockey?

Do you play any sports?
¿juegas a algún deporte?

When does the season start?
¿cuándo empieza la temporada?

Have you ever played basketball?
¿has jugado al básquet
alguna vez?

The playoffs begin next week
las eliminatorias empiezan
la semana que viene

Are you on a sports team?
¿estás en algún equipo?

Where do I buy tickets?
¿dónde compro las entradas?

Where can I get season tickets?
¿dónde puedo conseguir entradas para toda la temporada?

Is the game on television?
¿transmiten el partido por televisión?

Can I help you find your seats?
¿puedo ayudarlo a encontrar sus asientos?

It's the kick-off
es el puntapié inicial

The score is tied
el marcador está empatado

We're down by 2 points
estamos perdiendo por dos puntos

They made it to the finals
llegaron a la final

They scored a goal!
¡hicieron un gol!

On your marks, get set, go!
¡a sus marcas, listos, ya!

Apuntes de Gramática

Cuando necesites hacer preguntas en el pasado, debes usar el auxiliar **did** junto con el verbo en infinitivo:

Did you see the match?: ¿viste el partido?
Did they win?: ¿ganaron?

Para formar oraciones negativas en el pasado, usas **did not/didn't** junto con el verbo en infinitivo:

They didn't score a touchdown: ellos no hicieron un gol.
We didn't make it to the finals: no llegamos a la final.

Practica con estos ejercicios

1 Une con una línea las palabras y frases en inglés con su significado en español

Outcome	a		1	resultado
Regular season	b		2	clasificación
Standing	c		3	segundo
Runner-up	d		4	equipo local
Winner	e		5	temporada
Home team	f		6	ganador

2 Elige la palabra o frase correcta que corresponda en cada caso

a. Partido
1. coach
2. match
3. half-time

d. Vencer
1. tie
2. beat
3. lose

b. Marcador
1. score
2. goal
3. course

e. Clasificación
1. standing
2. outcome
3. score

c. Perder
1. win
2. tie
3. lose

f. Equipo visitante
1. home team
2. opponent
3. away team

Las respuestas (Key) están al pie de la página siguiente.

3   Escribe en inglés estas frases que aparecen en la lista

a. ¿Dónde compro las entradas?

_____

b. Llegaron a la final.

_____

c. El marcador está empatado.

_____

d. ¿Transmiten el partido por televisión?

_____

e. ¿Cuándo empieza la temporada?

_____

f. ¿Cuál es tu deporte favorito?

_____

Felicitaciones!

Has terminado con éxito la **Unidad 28**, donde aprendiste las **palabras más usadas** y las **frases más comunes** para utilizar en **Los deportes.**

Key

1. a-1; b-5; c-2; d-3; e-6; f-4.
2. a-2; b-1; c-3; d-2; e-1; f-3.
3. a-Where do I buy tickets?; b-They made it to the finals; c-The score is tied; d-Is the game on television?; e-When does the season start?; f-What's your favorite sport?

Unit 29 — Internet

Internet

Internet ha transformado definitivamente nuestra manera de relacionarnos y de obtener información. A través de una simple conexión en nuestra computadora, podemos leer las noticias, escuchar la radio, investigar sobre los temas que nos interesen, hacer compras, organizar nuestras vacaciones, ver filmaciones, escuchar música, hacer trámites administrativos y bancarios, enviar correos electrónicos o chatear con nuestros amigos, entre muchas otras posibilidades. Las siguientes listas de palabras y frases te serán muy útiles para familiarizarte con el lenguaje que encontrarás frecuentemente cuando navegas por la red.

Palabras más usadas

Cyberspace
(sáibe:rspeis)
ciberespacio

Network
(nétwe:rk) red

Portal
(pó:rel) portal

Site
(sáit) sitio

Web page
(web péish) página web

Broadband
(bró:dbænd) banda ancha

Wi-Fi
(wái fái) Internet móvil/
inalámbrico

Browser
(bráuze:r) navegador

Browse
(bráuz) navegar

Navigate
(nævigeit) navegar

Surf
(se:rf) navegar

Search engine
(serch énshin)
motor de búsqueda

Home page/Home
(jóum péish/jóum)
página de inicio

Password
(pæswe:rd) contraseña

Sign up
(sáin ap) registrarse

User ID
(yú:ze:r ái di:)
nombre de usuario

Download
(dáunloud)
descargar archivos

Firewall
(fáierwo:l)
filtro protector/
cortafuegos

Freeware
(fri:we:r)
software gratis

Spyware
(spáiwe:r) software espía

Virus
(váires)
virus informático

Spam
(spæm)
correo no deseado

E-mail
(í:meil)
correo electrónico

Chat
(chæt) chatear

Instant messenger
(ínstent mésinshe:r)
mensajería instantánea

Blog
(bla:g) diario personal

Log in/on/on to
(la:g in/a:n/tu)
iniciar una sesión

Log out/off
(la:g áut/a:f)
cerrar una sesión

Frases más comunes

Click on the icon
hacer clic en el icono

Enter your password
escriba su contraseña

Enter your user name
escriba su nombre
de usuario

**Type keywords in
the search box**
escribir palabras clave en
la ventana de búsqueda

Click the search button
hacer clic en el botón
de búsqueda

Get online
conectarse

Set up your computer
configure su computadora

Check e-mail
chequear el correo
electrónico

Try the advanced search
intentar la búsqueda
avanzada

Post a message
publicar un mensaje

Join now
únase ahora

Create an account
crear una cuenta

Click on a link
hacer clic en un enlace

Visit web pages
visitar páginas web

Download files
descargar archivos

Find a job
encontrar un trabajo

Order online
comprar por Internet

Pay your bills
pague sus cuentas

Sign up for online education programs
registrarse para programas
de educación por Internet

Find information
encontrar información

Do e-business
hacer negocios por Internet

I've lost my connection
perdí mi conexión

Apuntes de Gramática

This significa «este», «esta» o «esto»:

This is your user ID: este es su nombre de usuario.

That significa «ese» «esa», «eso», «aquel», «aquella» o «aquello»:

That's his web page: esa es su página web.

Practica con estos ejercicios

1 Une con una línea las palabras y frases en inglés con su significado en español

Site	a		1	navegar
Web page	b		2	registrarse
Browse	c		3	iniciar una sesión
Home page	d		4	página de inicio
Log in	e		5	sitio
Sign up	f		6	página web

2 Elige la palabra o frase correcta que corresponda en cada caso

a. Navegador
1. browser
2. browse
3. navigate

d. Nombre de usuario
1. blog
2. wi-fi
3. user ID

b. Página de inicio
1. password
2. download
3. home page

e Cerrar una sesión
1. log in
2. log out
3. sign up

c. Descargar
1. sign up
2. download
3. log out

f. Cree una cuenta
1. create an account
2. click on a link
3. get online

Las respuestas (Key) están al pie de la página siguiente.

3 Escribe en inglés estas frases que aparecen en la lista

a. Haga clic en el icono.

_____

b. Escriba su nombre de usuario.

_____

c. Escriba su contraseña.

_____

d. Chequear el correo electrónico.

_____

e. Descargar archivos.

_____

f. Perdí mi conexión.

_____

Felicitaciones!

Has terminado con éxito la **Unidad 29**, donde aprendiste las **palabras más usadas** y las **frases más comunes** para utilizar en **Internet**.

Unit 30

The taxi driver

El conductor de taxis

El taxi es un medio de transporte muy necesario en las grandes ciudades, donde la gente debe movilizarse por lugares donde no llega el transporte público, o no tiene tiempo para esperar el autobús o el metro, o simplemente quiere viajar con mayor comodidad. Recorrer una ciudad sin saber el idioma que se habla en ella o conducir un taxi sin poder comprender los pedidos de los pasajeros puede resultar una experiencia frustrante. En esta unidad, encontrarás una lista de vocabulario simple para poder manejarte con confianza cuando debas tomar o conducir un taxi.

Palabras más usadas

Taxi/Cab
(tæksi/kæb) taxi

Taxi stand
(tæksi stænd) parada de taxis (en aeropuertos, estaciones de tren, etc.)

Stop
(sta:p) parar/parada

Driver
(dráive:r) conductor/ conductora

Passenger
(pǽsenshe:r) pasajero/pasajera

Partition
(pa:rtíshen) divisor (entre conductor y pasajero)

Radio
(réidiou) radio

Company
(kámpeni) empresa

Dispatcher
(dispæche:r) persona que conecta con la central

Hail
(jéil) hacer señas

Street
(stri:t) calle

Cross street
(kra:s stri:t) calle que cruza

Highway
(jáiwei) autopista

Traffic
(træfik) tránsito

Distance
(dístens) distancia

Time
(táim) tiempo

Meter
(mí:re:r) reloj

Rate
(réit) tarifa

Flat rate
(flæt réit) tarifa básica

Per mile
(pe:r máil) por milla

Luggage/Baggage
(lægish/bægish) equipaje

Tip
(tip) propina

License
(láisens) licencia

Seat belt
(si:t belt) cinturón de seguridad

Luxury cab
(lákshe:ri kæb) taxi de lujo

Frases más comunes

Where are you going?
¿adónde va?

Where to?
¿adónde va?

I need to go to Coral
Way and Douglas
necesito ir a Coral Way
y Douglas

Can you take me
to the hospital?
¿puede llevarme al hospital?

Do you have the address?
¿tiene la dirección?

I need to get there as
fast as possible
necesito llegar ahí lo
más rápido posible

How much does it
cost to go to the airport?
¿cuánto cuesta ir al
aeropuerto?

How many people?
¿cuánta gente?

How many people
can get in?
¿cuánta gente puede entrar?

Are there any
additional charges?
¿hay algún recargo?

Start the meter
encender el reloj

Rate based on
distance/time
tarifa basada en la
distancia/tiempo

Where are you from?
¿de dónde es usted?

No smoking, please
no fume, por favor

I need to be picked up at 10
necesito que me pasen a buscar a las 10

Slow down, please
baje la velocidad, por favor

Stop here, please
deténgase aquí, por favor

Pull over, please
deténgase, por favor

I think the meter is wrong
creo que el reloj está equivocado

Do you have change?
¿tiene cambio?

We accept cash and credit cards
aceptamos efectivo y tarjetas de crédito

We do not accept credit cards
no aceptamos tarjetas de crédito

I need a receipt, please
necesito un recibo, por favor

Do you have a business card?
¿tiene una tarjeta de su empresa?

Tips not included
las propinas no están incluidas

 Apuntes de Gramática

Debes usar **please** (por favor) cuando pides algo; **excuse me** (disculpe) cuando quieres llamar la atención de alguien; y **I'm sorry** (lo siento) cuando te disculpas.

I need a receipt, please: necesito un recibo, por favor.

Excuse me, is this the way to the airport?
disculpe, ¿es éste el camino hacia el aeropuerto?

I'm sorry, I don't know: lo siento, no lo sé.

Practica con estos ejercicios

1 Une con una línea las palabras y frases en inglés con su significado en español

Meter	a	1	cinturón de seguridad
Seat belt	b	2	tarifa
Rate	c	3	reloj
Traffic	d	4	calle que cruza
Cross street	e	5	hacer señas
Hail	f	6	tránsito

2 Elige la palabra o frase correcta que corresponda en cada caso

a. Recibo
1. charge
2. tip
3. receipt

d. Autopista
1. highway
2. street
3. cross street

b. Equipaje
1. seat belt
2. partition
3. baggage

e. Cambio
1. rate
2. change
3. charge

c. Conductor
1. dispatcher
2. driver
3. company

f. Tarifa
1. charge
2. rate
3. tip

Las respuestas (Key) están al pie de la página siguiente.

3 Escribe en inglés estas frases que aparecen en la lista

a. ¿Adónde va?

_____

b. ¿Tiene cambio?

_____

c. ¿Hay algún recargo?

_____

d. ¿Puede llevarme al hospital?

_____

e. ¿Tiene la dirección?

_____

f. Deténgase, por favor.

_____

Key

3. a-Where are you going/
Where to?; b-Do you have
change?; c-Are there any
additional charges?; d-Can
you take me to the hospital?;
e-Do you have the address?; f-
Pull over, please.
1. a-3; b-1; c-2; d-6; e-4; f-5.
2. a-3; b-3; c-2; d-1; e-2; f-2.

Felicitaciones!

Has terminado con
éxito la **Unidad 30**,
donde aprendiste las
palabras más usadas
y las **frases más comu-
nes** para utilizar con **El
conductor de taxis.**

Unit 31

Traveling
Viajar

Viajar es, sin duda, una de nuestras actividades favoritas. Ya sea durante el verano o durante un fin de semana largo, toda oportunidad es buena para subirnos a un automóvil, un tren, un ómnibus, un avión o, por qué no, un barco, y emprender un viaje hacia otra ciudad, otro país, una playa que nos recomendaron o un centro de esquí en una zona montañosa, relajarnos y descansar o practicar alguna actividad deportiva. Podemos llevar buena música, un buen libro y muchas ganas de disfrutar sin hacer absolutamente nada. En esta unidad, encontrarás todo el vocabulario que necesitas saber para empezar a planificar tu próximo viaje.

Palabras más usadas

Vacation
(veikéishen) vacaciones

Long weekend
(la:ng wí:kend)
fin de semana largo

Travel agency
(trævel éishensi)
agencia de viajes

Leave
(li:v) partir

Tourist
(tú:rist) turista

Travel
(trævel) viajar

Trip
(trip) viaje

Hotel
(joutél) hotel

Accommodation
(eká:medéishen)
hospedaje

Guest
(gést) huésped

Resort
(rizó:rt)
complejo turístico

Plane
(pléin) avión

Ticket
(tíkit) pasaje

Flight attendant
(fláit eténdent)
auxiliar de vuelo

Airport
(é:rpo:rt) aeropuerto

Flight
(fláit) vuelo

Arrival
(eráivel) arribo

Departure
(dipá:rche:r) salida

Gate
(géit) puerta

Baggage
(bægish) equipaje

Highway
(jáiwei) autopista

Turnpike
(té:rnpaik)
autopista con peaje

Toll
(tóul) peaje

Fare
(fér) tarifa

Cruise
(kru:z) crucero

Frases más comunes

Go on vacation
salir de vacaciones

Have a nice trip!
¡qué tengas buen viaje!

What time does the plane leave?
¿a qué hora sale el avión?

Flight AA345 now boarding
el vuelo AA345 está embarcando en este momento

This is the last call for flight AA345
este es el último llamado para el vuelo AA345

Fasten your seat belt
ajústense los cinturones

The flight is canceled
el vuelo está cancelado

The flight is delayed
el vuelo está demorado

The plane arrived exactly on time
el avión llegó en el horario exacto

Excuse me, my suitcase hasn't arrived yet
disculpe, mi maleta no ha llegado todavía

What time does the train arrive?
¿a qué hora llega el tren?

Are there any seats for the 8:00 bus?
¿hay asientos para el ómnibus de las 8:00?

I'd like to make a reservation for four nights
quisiera hacer una reserva por cuatro noches

We're staying for two nights
nos hospedaremos por dos noches

Is it all-inclusive or half board?
¿están todas las comidas incluidas o es media pensión?

What's the check-in/ check out time?
¿a qué hora debemos ingresar/abandonar el hotel?

Is there a gas station near here?
¿hay una gasolinera cerca de aquí?

How long does it take to get to ...?
¿cuánto se tarda para llegar...?

Which is the best way to get to...?
¿cuál es el mejor camino para llegar a...?

Is there a camping site/area nearby?
¿hay un sitio para acampar cerca de aquí?

Where can I rent a car?
¿dónde puedo alquilar un auto?

What kind of car do you want?
¿qué tipo de automóvil desea?

How much will it be per day?
¿cuánto costará por día?

How much is car insurance per day?
¿cuánto cuesta el seguro por día?

Are you paying by credit card?
¿paga con tarjeta de crédito?

Apuntes de Gramática

These significa «estas» o «estos»:

These are my suitcases: estas son mis maletas.

Those significa «esas», «esos», «aquellas» o «aquellos»:

Are those your seats?: ¿son aquellos sus asientos?

Practica con estos ejercicios

1 Une con una línea las palabras y frases en inglés con su significado en español

Departure	a	1	tarifa
Flight	b	2	hospedaje
Gate	c	3	autopista con peaje
Turnpike	d	4	vuelo
Accommodation	e	5	puerta
Fare	f	6	salida

2 Elige la palabra o frase correcta que corresponda en cada caso

a. Arribo
1. departure
2. arrival
3. flight

d. Viajar
1. trip
2. fare
3. travel

b. Equipaje
1. accomodation
2. gate
3. baggage

e. Puerta
1. guest
2. gate
3. resort

c. Hospedaje
1. fare
2. hotel
3. accommodation

f. Partir
1. arrival
2. departure
3. leave

Las respuestas (Key) están al pie de la página siguiente.

Unit 31

3   Escribe en inglés estas frases que aparecen en la lista

a. Nos hospedaremos por dos noches.

b. ¿A qué hora sale el avión?

c. ¿Dónde puedo alquilar un auto?

d. Disculpe, mi maleta no ha llegado todavía.

e. El vuelo está demorado.

f. ¿Cuánto costará por día?

Felicitaciones!

Has terminado con éxito la **Unidad 31**, donde aprendiste las **palabras más usadas** y las **frases más comunes** para utilizar al **Viajar**.

Unit 32

Directions
Instrucciones

Cuando nos mudamos a un nuevo vecindario, a otra ciudad, o viajamos de vacaciones, seguramente necesitemos ayuda para llegar al lugar al que nos dirigimos. Es importante que sepamos entender los carteles indicadores y las señales de tránsito. También puede suceder que alguien necesite nuestra ayuda y debamos indicarle dónde se encuentra un hotel, por ejemplo, o qué autopista tomar para llegar a otra ciudad. Las palabras y frases que leerás a continuación te resultarán muy útiles para esos casos.

Palabras más usadas

Block
(bl:ak) cuadra

Roundabout
(ráundebaut) rotonda

Traffic light
(træfik láit) semáforo

Intersection
(ínne:rsekshen) cruce

North
(no:rz) norte

Traffic
(træfik) tránsito

Corner
(kó:rne:r) esquina

South
(sáuz) sur

East
(i:st) este

West
(west) oeste

Mile
(máil) milla

Walk
(wa:k)
caminar/caminata

Drive
(dráiv) conducir

Go
(góu) ir

Take
(téik) tomar

Turn
(te:rn) doblar

Get
(get) llegar

Landmark
(lændma:rk)
punto de referencia

On Miami Avenue
(a:n) en Miami Avenue

At 254 Miami Avenue
(æt) en Miami Avenue 254

On the corner of
Lennox and Lincoln
(a:n de kó:rne:r ev)
en la esquina de
Lennox y Lincoln

Across from
(akrá:s fra:m)
en frente de

Next to
(nekst tu) al lado de

Between
(bitwí:n) entre

Near
(ni:r) cerca

Far
(fa:r) lejos

Frases más comunes

How do I get to the airport?
¿cómo puedo llegar al
aeropuerto?

Where's the theater?
¿dónde está el teatro?

**Is there a bookstore
near here?**
¿hay una librería
cerca de aquí?

Which way is it?
¿cuál es el camino?

Is it far from here?
¿es lejos de aquí?

It's just a ten-minute walk
es una caminata de
solo 10 minutos

It's at the end of the street
está al final de la calle

You can go by train
puedes ir en tren

You can take the subway
puedes tomar el subterráneo

Walk to the corner
camina hasta la esquina

Turn right
dobla a la derecha

Go across the street
cruza la calle

Go straight ahead
sigue derecho

Take the first right
dobla en la primera calle
a la derecha

**Hang a left onto
West Avenue**
dobla a la izquierda
en West Avenue

Go down the street
siga por esta calle

Walk past the bank	You'll see it
pase por delante del banco	lo verá

Take a left into Jefferson	It's right in front of you
doble a la izquierda en Jefferson	está justo delante de usted

Follow the signs
siga las señales

Go through the intersection
cruce la intersección

You can't miss it	Call me if you get lost
no puede perderse	llámame si te pierdes

 Apuntes de Gramática

Cuando debes dar instrucciones, usas el infinitivo del verbo, es decir, el verbo sin conjugar y sin los pronombres (I, you, he, etc.):

Follow the signs: sigue las señales.

Walk to the corner: camina hasta la esquina.

Turn right: dobla a la derecha.

Go across the street: cruza la calle.

Practica con estos ejercicios

1 Une con una línea las palabras y frases en inglés con su significado en español

Go	a	1	llegar
Drive	b	2	doblar
Walk	c	3	tomar
Turn	d	4	ir
Get	e	5	conducir
Take	f	6	caminar

2 Elige la palabra o frase correcta que corresponda en cada caso

a. Cruce
1. corner
2. roundabout
3. intersection

d. Al lado de
1. near
2. between
3. next to

b. Este
1. west
2. east
3. north

e. Doblar
1. turn
2. get
3. take

c. En frente de
1. across from
2. next to
3. between

f. Cuadra
1. corner
2. block
3. roundabout

Las respuestas (Key) están al pie de la página siguiente. **Unit 32**

3 Escribe en inglés estas frases que aparecen en la lista

a. ¿Cómo puedo llegar al aeropuerto?

_____

b. ¿Dónde está el teatro?

_____

c. ¿Es lejos de aquí?

_____

d. Camina hasta la esquina.

_____

e. Dobla a la derecha.

_____

f. Sigue derecho.

_____

Felicitaciones!

Has terminado con éxito la **Unidad 32**, donde aprendiste las **palabras más usadas** y las **frases más comunes** al dar Instrucciones.

Unit 33

Going on a date
Una cita romántica

Todos tenemos la ilusión de enamorarnos y encontrar una persona con la cual compartir nuestra vida. ¿Cómo podemos conocerla? De muchas maneras: en el trabajo, a través de amigos, en un viaje, en una discoteca, en una fiesta, a través de Internet, en el lugar menos pensado. Si alguien nos gusta mucho, buscaremos la forma de tener una cita, para poder conocer a la persona y decidir si queremos estar con ella... o no. Una buena idea es ir a cenar a un restaurante romántico o, por qué no, caminar a la luz de la luna. Cualquiera sea la situación que vivas, deberás esmerarte para usar las palabras adecuadas y causar una buena impresión.

Palabras más usadas

Feeling
(fí:ling) sentimiento

Love
(lav) amor

Crush
(krash)
enamoramiento

Date
(déit) cita romántica/
persona con quien
tienes una cita

Boyfriend
(bóifrend) novio

Girlfriend
(gé:rlfrend) novia

Couple
(kápel) pareja

Lovely
(lávli) encantador/
encantadora

Single
(síngle) soltera/soltero

Double date
(dábel déit)
salir dos parejas juntas

Blind date
(bláind déit) cita a ciegas

Friend
(frend) amigo/amiga

Good looking/Handsome
(gud luking/hænsem)
atractivo

Kiss
(kis) besar/beso

Invite
(inváit) invitar

Miss
(mis) extrañar

Cheat
(chi:t) engañar

Hug
(jag) abrazar/abrazo

Unfaithful
(anféizfel) infiel

Gorgeous
(gó:rshes) muy atractivo

Break up
(bréik áp)
finalizar una relación

Frases más comunes

He asked me out
él me invitó a salir

Go on a date
tener una cita romántica

I'd like to take you out sometime
me gustaría invitarte a salir alguna vez

Can I have your phone number?
¿puedes darme tu número telefónico?

Can I buy you a drink?
¿puedo invitarte con un trago?

Are you flirting with me?
¿estás coqueteando conmigo?

I'll pick you up at 7
paso a buscarte a las 7

Did you have a good time?
¿pasaste un buen momento?

When will I see you again?
¿cuándo volveré a verte?

I really like him
él me gusta mucho

I'll set you up
los presentaré/ les organizaré una cita

It was love at first sight
fue amor a primera vista

I can't stop thinking about her
no puedo dejar de pensar en ella

He's not my type
él no es mi tipo

He sent me flowers
él me envió flores

I'm in love with you
estoy enamorado de ti

I love you
te amo

I'm falling in love with you
me estoy enamorando de ti

I fell in love with her	I need some time to think
me enamoré de ella	necesito tiempo para pensar

We're dating
estamos saliendo

I think we should stop seeing each other
creo que tenemos que dejar de vernos

How long have you been dating?
¿cuánto tiempo hace que salen?

I'm not seeing him anymore
no lo veo más

I'd like you to meet my family
me gustaría que conozcas a mi familia

She stood me up!
¡ella me dejó plantado!

He cheated on her
él la engañó

It's getting serious
se está volviendo serio

They got back together
volvieron a estar juntos

Apuntes de Gramática

Hay verbos que cambian alguna letra o forman una nueva palabra cuando debes usarlos en pasado:

Send (enviar): **sent** (envió)
He sent me flowers: él me envió flores.

Get back (volver): **got back** (volvió)
They got back together: volvieron a estar juntos.

Go (ir): **went** (fue)
They went to the movies: ellos fueron al cine.

Practica con estos ejercicios

1 Une con una línea las palabras y frases en inglés con su significado en español

Feeling	a		1	extrañar
Crush	b		2	cita
Friend	c		3	finalizar una relación
Date	d		4	amigo
Miss	e		5	enamoramiento
Break up	f		6	sentimiento

2 Elige la palabra o frase correcta que corresponda en cada caso

a. Atractivo
1. lovely
2. good looking
3. gorgeous

b. Infiel
1. cheat
2. handsome
3. unfaithful

c. Novia
1. girlfriend
2. date
3. friend

d. Finalizar una relación
1. miss
2. break up
3. miss

e. Cita a ciegas
1. double date
2. date
3. blind date

f. Amor
1. love
2. feeling
3. crush

Las respuestas (Key) están al pie de la página siguiente.

Unit 33

3 Escribe en inglés estas frases que aparecen en la lista

a. ¡Ella me dejó plantado!

_____

b. No lo veo más.

_____

c. Estoy enamorado de ti.

_____

d. ¿Pasaste un buen momento?

_____

e. ¿Cuándo volveré a verte?

_____

f. Él me invitó a salir.

_____

Felicitaciones!

Has terminado con
éxito la **Unidad 33**,
donde aprendiste las
palabras más usadas
y las **frases más
comunes** para utilizar
en **Una cita romántica**.

Unit 34

At the movies

En el cine

Una buena película puede hacernos llorar o reír, conocer una historia real o transportarnos hacia la fantasía, horrorizarnos o maravillarnos, entretenernos o hacernos pensar. Todos tenemos un tipo de película preferida y, también, un actor o actriz que nos hace suspirar cada vez que aparece en la pantalla. Por todas estas razones, ir al cine es siempre una buena idea. Lee las listas siguientes y encontrarás el vocabulario que necesitas saber para estar preparado la próxima vez que vayas al cine.

Palabras más usadas

Ticket
(tíkit) entrada

Premier
(primír) estreno

Rating
(réiting) calificación de las películas

Program
(prógrem) programa

Matinee
(mærinéi) matiné

Student discount
(stú:dent dískáunt) descuento para estudiantes

Senior discount
(sí:nyier dískáunt) descuento para retirados

Will call window
ventanilla para retirar
entradas reservadas

Feature film
(fí:che:r film)
largometraje

Comedy
(ká:medi) comedia

Drama
(dræme) drama

Action
(ækshen) acción

Intermission
(inne:rmíshen) intervalo

Independent film
(indepéndent film)
película independiente

Screen
(skri:n) pantalla

Stage
(stéish) escenario

Mezzanine
(mézeni:n)
palco intermedio

Balcony
(bá:lkeni) palco

G
(shi:) apta para
todo el público

PG
(pi shi) menores
acompañados
de sus padres

PG13
(pi: shi: ze:rtí:n)
prohibida para
menores de 13 años

R
(a:r): prohibida para
menores de 17 años

Box office
(ba:ks á:fis) boletería

Backstage
(bæksteish)
detrás de la escena

Row
(róu) fila

Play
(pléi) obra de teatro

Movie theater
(mu:vi zí:ere:r) cine

Theater
(zí:ere:r) teatro

Frases más comunes

Let's go to the movies
vayamos al cine

Who's your favorite actor?
¿quién es tu actor preferido?

Do you prefer comedy or drama?
¿prefieres la comedia o el drama?

I love thrillers
me encantan las películas de suspenso

What's the run time?
¿a qué hora dan la película?

What time is it on?
¿a qué hora comienza la película?

What time does the movie start?
¿a qué hora comienza la película?

I'd like one ticket to see...
quisiera una entrada para ver...

May I see your ID please?
¿puedo ver su identificación, por favor?

We need two seats side-by-side
necesitamos dos asientos juntos

I'm here to pick up tickets for the show
vengo a retirar las entradas para el show

I need to make a reservation
necesito hacer una reserva

This movie is sold out
las entradas para esta película están agotadas

I'll get some popcorn
compraré palomitas de maíz

Would you like to make that a combo?
¿le gustaría llevar un combo?

No outside food or drink
no ingresar con alimentos o bebidas comprados fuera del cine

Where would you like to seat?
¿dónde quieres sentarte?

Can I help you find your seat?
¿puedo ayudarlo a encontrar su asiento?

Quiet, please
silencio, por favor

Please turn off your cell phones
por favor, apaguen sus celulares

Locate your nearest exit
ubique la salida más próxima

Did you like the movie?
¿te gustó la película?

 Apuntes de Gramática

Cuando **propones alguna actividad**, puedes usar estas frases:

Let's go to the movies: vayamos al cine.

Why don't we go to the theater?: ¿por qué no vamos al teatro?

How about watching this comedy?
¿qué tal si miramos esta comedia?

Sí les gustó la idea, podrán contestarte:

I'd love to!: ¡me encantaría!
Sounds great!: ¡me parece fantástico!

Practica con estos ejercicios

1 — Une con una línea las palabras y frases en inglés con su significado en español

Box office	a	1	entrada
Row	b	2	calificación de las películas
Stage	c	3	pantalla
Rating	d	4	escenario
Ticket	e	5	fila
Screen	f	6	boletería

2 — Elige la palabra o frase correcta que corresponda en cada caso

a. Estreno
1. rating
2. premiere
3. matinée

b. Largometraje
1. feature film
2. independent film
3. play

c. Apta para todo el público
1. PG
2. G
3. PG13

d. Prohibida para menores de 17 años
1. G
2. PG
3. R

e. Escenario
1. screen
2. stage
3. mezzanine

f. Detrás de la escena
1. balcony
2. mezzanine
3. backstage

Las respuestas (Key) están al pie de la página siguiente.

3   Escribe en inglés estas frases que aparecen en la lista

a. ¿Te gustó la película?

_____

b. ¿Dónde quieres sentarte?

_____

c. Ventanilla para retirar entradas reservadas.

_____

d. Vengo a retirar las entradas para el show.

_____

e. Quisiera una entrada para ver...

_____

f. ¿A qué hora dan la película?

_____

Unit 35

At the restaurant
En el restaurante

Elegir un restaurante puede ser una tarea difícil. Dependerá del tipo de comida que quieras comer, del lugar –al aire libre, en el centro de la ciudad, en un barrio tranquilo- y de los precios que tengan. También importa la ocasión, ya que elegirás un lugar diferente si sales a cenar con tu familia, con un amigo o si tienes una cita romántica. Puede que elijas un restaurante que ya conoces y que prepara una comida deliciosa o que decidas conocer uno nuevo. En esta unidad, encontrarás el vocabulario que te ayudará en esta situación.

Palabras más usadas

Host/Hostess
(jóust/jóustis)
hombre/mujer que recibe y acompaña a la mesa

Barbecue/Grill
(bá:rbikyu:) asador

Bottled/Mineral water
(bá:reld/míne:rel wá:re:r)
agua mineral

Dessert
(dizé:rt) postre

Drinks
(drinks) bebidas

Fast food
(fæst food) comida rápida

House wine
(jáus wáin) vino de la casa

Buffet
(beféi) bufé

Main dish/Course
plato principal

French food
(french fu:d)
comida francesa

Italian food
(itælien fu:d)
comida italiana

Mexican food
(méksiken fu:d)
comida mejicana

Japanese food
(shæpení:z fu:d)
comida japonesa

Pizza parlor/place
(pítse pá:rle:r/pléis)
pizzería

Red wine
(red wáin) vino tinto

Soda
(sóude) refrescos

Starter/Appetizer
(stá:rte:r/æpitaize:r)
entrada

White wine
(wáit wáin) vino blanco

Steakhouse
(stéikjaus) restaurante
especializado en costeletas
de carne vacuna

Delicatessen/Deli
(deliketésen/déli)
restaurante que ofrece un
menú fresco y natural

Drive-thru
(dráiv zru:) lugar donde
se compra comida desde
el automóvil

Take-out
(téik áut) (comida)
para llevar

Lunch
(lanch) almuerzo

Dinner
(díne:r) cena

Vegetarian food
(veshitéarien fu:d)
comida vegetariana

Frases más comunes

We reserved a table for six
reservamos una
mesa para seis

I'd like a table
near the window
quisiera una mesa cerca
de la ventana

Could you call the
waiter, please?
¿podría llamar al
camarero, por favor?

Could I have the menu?
¿podría traerme el menú,
por favor?

Do you have a
vegetarian menu?
¿tiene un menú vegetariano?

I'd like to try a
local specialty
quisiera probar un
plato típico

What do you recommend?
¿qué recomienda?

What's the onion soup like?
¿cómo está la sopa
de cebollas?

Could I see the wine list?
¿podría ver la lista de vinos?

Do you have wine
by the glass?
¿tiene vino por copa?

We're not ready yet
todavía no estamos listos

I'll have the pork chops
comeré las costeletas
de cerdo

Could I have the French
fries instead of the salad?
¿podría ordenar papas fritas
en vez de ensalada?

Excuse me, I don't
have a knife
disculpe, no tengo cuchillo

Could you bring oil
and vinegar, please?
¿podría traer aceite y
vinagre, por favor?

Would you like to order dessert now?
¿quieren ordenar el postre ahora?

I'll try the Key Lime Pie
probaré el pastel de limón

It smells great!
¡huele fantástico!

It's delicious!
¡está delicioso!

I'd like a cup of coffee
quisiera una taza de café

Could I get the check, please?
¿puede traerme la cuenta, por favor?

My treat!
¡pago yo!

No pets allowed
prohibido el ingreso de mascotas

No smoking
prohibido fumar

Tip included
servicio incluido

Apuntes de Gramática

En un restaurante, puedes usar estas frases:

I'd like: quisiera
I'd like to try a local specialty: quisiera probar un plato típico.

I'll have: comeré
I'll have the pork chops: comeré las chuletas de cerdo.

I'll try: probaré
I'll try the Key Lime Pie: probaré el pastel de limón.

Practica con estos ejercicios

1 — Une con una línea las palabras y frases en inglés con su significado en español

Host	a	1	almuerzo
Main dish	b	2	hombre que recibe y acompaña a la mesa
Starter	c	3	entrada
Lunch	d	4	comida vegetariana
Italian food	e	5	plato principal
Vegetarian food	f	6	comida italiana

2 — Elige la palabra o frase correcta que corresponda en cada caso

a. Plato principal
1. main dish
2. dessert
3. starter

b. (Comida) para llevar
1. fast food
2. drive-thru
3. take-out

c. Postre
1. buffet
2. dessert
3. appetizer

d. Vino tinto
1. drinks
2. white wine
3. red wine

e. Refrescos
1. mineral water
2. soda
3. drinks

f. Vino de la casa
1. house wine
2. white wine
3. red wine

Las respuestas (Key) están al pie de la página siguiente.

3   Escribe en inglés estas frases que aparecen en la lista

a. ¿Podría traer aceite y vinagre, por favor?

_____

b. Todavía no estamos listos.

_____

c. Disculpe, no tengo cuchillo.

_____

d. Reservamos una mesa para seis.

_____

e. ¿Podría traerme el menú, por favor?

_____

f. ¿Puede traerme la cuenta, por favor?

_____

Felicitaciones!

Has terminado con éxito la **Unidad 35**, donde aprendiste las **palabras más usadas** y las **frases más comunes** para utilizar en **El restaurante**.

Unit 36

The waitress

La camarera

Cuando una camarera o un camarero es muy amable, está atento a los pedidos de sus clientes, conoce el menú de su restaurante y sabe recomendar platos, los clientes lo reconocen y, en la mayoría de los casos, vuelven al restaurante no solo por la calidad de la comida que allí se ofrece, sino también porque disfrutan de la atención de un camarero en particular. La cordialidad, la vocación de servicio, la posibilidad de expresarse claramente y entender los requerimientos de los clientes son esenciales para su buen desempeño. El vocabulario que hemos seleccionado en las listas te resultará muy útil si tienes este oficio.

Palabras más usadas

Waiter
(wéire:r) camarero

Waitress
(wéitres) camarera

Table
(téibel) mesa

Dish
(**d**ish) plato

Fork
(fo:rk) tenedor

Knife
(náif) cuchillo

Spoon
(spu:n) cuchara

Glass
(glæs) vaso

Napkin
(næpkin) servilleta

Dessert
(dizé:rt) postre

Order
(ó:rde:r)
ordenar/orden

Dressing
(drésing) aderezo

Bring
(bring) traer

Side dish
(sáid dish)
guarnición

Meal
(mi:l) plato preparado

Recommend
(ríkemend)
recomendar

Breakfast
(brékfest) desayuno

Menu
(ményu:) menú

Soft drink
(sa:ft drink) refresco

Wine
(wáin) vino

Starter/Appetizer
(stá:rte:r/æpitáize:r)
entrada

Check
(chek) cuenta

Main dish/Entree
(méin dish/a:ntréi)
plato principal

Tip
(tip) propina

Frases más comunes

Good evening. How many are in your party?
buenas noches, ¿cuántos son?

Good evening. Table for two?
buenas noches,
¿mesa para dos?

Smoking or non smoking section?
¿fumador o no fumador?

There'll be a table free in a minute
se desocupará una mesa
en un minuto

Do you have a reservation?
¿tiene una reserva?

Follow me, please
síganme, por favor

Can I take your coat?
¿me permite su abrigo?

Are you ready to order?
¿están listos para ordenar?

Do you need more time to look at the menu?
¿necesitan más tiempo
para mirar el menú?

Would you like chicken or fish?
¿prefieren pollo o pescado?

What can I get you?
¿qué les traigo?

What would you like to drink?
¿qué van a beber?

I'll bring the wine list right away
enseguida le traigo
la lista de vinos

Here you are
aquí tiene

It's today's special
es el especial del día

Can I recommend our buffet?
¿les puedo recomendar
nuestro bufé?

**Do you want vegetables
with your meat?**
¿le gustaría acompañar
la carne con vegetales?

**Rare, medium or
well done?**
¿jugosa, medianamente
cocida o bien cocida?

**I would recommend the
pecan pie, it's very good**
les recomiendo el pastel de
nueces, está muy bueno

Anything else?
¿algo más?

It's coming right up
se lo traigo enseguida

Sure, I'll be right back
sí, claro, vuelvo enseguida

Sorry, there's none left
disculpe, no queda más

**Would you like a
cup of coffee?**
¿van a beber café?

Help yourself
sírvase usted mismo

Enjoy your meal!
¡buen provecho!

Apuntes de Gramática

Puedes usar **can** cuando ofreces ayuda:

What can I get you?: ¿qué le traigo?

Can I recommend our buffet?
¿les puedo recomendar nuestro bufé?

Can I take your coat?: ¿me permite su abrigo?

Practica con estos ejercicios

1 — Une con una línea las palabras y frases en inglés con su significado en español

Glass	a	1	traer
Main dish	b	2	vaso
Check	c	3	plato principal
Dessert	d	4	postre
Bring	e	5	refresco
Soft drink	f	6	cuenta

2 — Elige la palabra o frase correcta que corresponda en cada caso

a. Bien cocido
1. medium
2. well done
3. rare

d. Tenedor
1. glass
2. knife
3. fork

b. Entrada
1. main dish
2. starter
3. dessert

e. ¡Buen provecho!
1. help yourself!
2. enjoy your meal!
3. here you are!

c. Cuchillo
1. knife
2. fork
3. spoon

f. ¿Algo más?
1. anything else?
2. here you are
3. help yourself!

Las respuestas (Key) están al pie de la página siguiente.

3   Escribe en inglés estas frases que aparecen en la lista

a. ¿Mesa para dos?

_____

b. ¿Están listos para ordenar?

_____

c. Vuelvo enseguida.

_____

d. ¿Qué van a beber?

_____

e. ¿Tiene una reserva?

_____

f. Disculpe, no queda más.

_____

Felicitaciones!

Has terminado con éxito la **Unidad 36**, donde aprendiste las **palabras más usadas** y las **frases más comunes** para utilizar con **La camarera**.

Unit 37

The bartender
El barman

El trabajo como barman es siempre muy requerido. Ya sea para abrir un bar propio o para atenderlo, es necesario tener conocimientos sobre las diferentes bebidas alcohólicas y las combinaciones que pueden hacerse entre ellas. Deben saber cómo batir y mezclar los ingredientes para lograr tragos que gusten a la gente, tener creatividad para inventar nuevas recetas y, en especial, poder explicar a los clientes qué contiene cada trago o entender los pedidos especiales que les hagan. Sea cual fuere el caso, te resultará muy útil conocer el vocabulario básico de un barman.

Palabras más usadas

Drink
(**d**rink) beber/trago

Cocktail
(ká:kteil) cóctel

Beer
(bir) cerveza

Liquor
(líke:r) bebida alcohólica

High ball
(jái ba:l) trago básico combinado (whisky y bebida cola, vodka y agua tónica, etc.)

Lacquers
(læke:rz) licores para el postre/después de la cena

Champagne
(shæmpéin) champán

Bottle
(bá:rel) botella

Pint of beer
(páint ev bir)
jarra de cerveza

Glass of wine
(glæs ev wáin) copa de vino

Shot
(sha:t) medida pequeña (por ej.: de tequila o whisky)

Tap/Draft
(tæp/dræft)
servida del barril

Straight
(stréit) bebida pura

Top shelf
(ta:p shelf) marcas de buena calidad, más caras

Bottom shelf
(bá:rem shelf) marcas de menor calidad, más económicas

Bar food
(ba:r fud) comida de bar

Happy hour
(jæpi áur) horario de la tarde en que las bebidas son más baratas

Smoke
(smóuk) fumar

Lighter
(láire:r) encendedor

Match
(mæch) fósforo

Live music
(láiv myú:zik)
música en vivo

Cheers!
(chirz) ¡salud!

Round
(ráund) ronda

Underage drinking
(ánde:reish drinking) beber siendo menor de edad

Cover charge
(káve:r charsh) pago/consumición mínima

Tab
(tæb) cuenta

Frases más comunes

What would you like to drink?
¿qué va a beber?

I'd like a whisky on the rocks
quisiera un whisky con hielo

We'd like a daiquiri and a screwdriver, please
quisiéramos un daiquiri y un destornillador, por favor

What's your house wine?
¿cuál es el vino de la casa?

Can I see your ID?
¿puedo ver su documento de identidad?

We ID everyone
les pedimos identificación a todas las personas

Do you have a second form of ID?
¿tiene un segundo documento de identidad?

Would you like draft or bottle?
¿la quiere del barril o en botella?

Do you have any specials tonight?
¿tienen algún plato especial esta noche?

Do you have pool tables or darts?
¿tienen mesas de billar o dardos?

How much is the cover tonight?
¿cuánto es el pago mínimo esta noche?

Do you have a minimum?
¿tienen una consumición mínima?

How late are you open?
¿hasta qué hora está abierto?

Tip your bartender
déjele propina al barman

Last call!
¡último llamado!

You're cut off
usted no puede beber más

Smoking outside only
solamente se puede
fumar afuera

Do you sell cigarettes?
¿venden cigarrillos?

Do you have a lighter?
¿tienes un encendedor?

Can I have a light?
¿puedes darme fuego?

**Please don't drink
and drive**
por favor, no beba
si va a conducir

Can I close my tab?
¿puedo cerrar mi cuenta?

Do you accept credit cards?
¿aceptan tarjetas
de crédito?

It's on me
pago yo

✓ Apuntes de Gramática

Para expresar lo que se quiere comer o beber, puedes usar
would like o su forma contraída **'d like**. También puedes
usar **would like** en preguntas:

I'd like a whisky on the rocks: quisiera un whisky con hielo.

I'd like the house wine: quisiera el vino de la casa.

What would you like to drink?: ¿qué le gustaría beber?

Would you like wine or champagne?: ¿quiere vino o champán?

Practica con estos ejercicios

1	Une con una línea las palabras y frases en inglés con su significado en español

Tab	a		1	pago/consumición mínima
Draft	b		2	¡salud!
Cover charge	c		3	cuenta
Cheers!	d		4	pago yo
Top shelf	e		5	servida de barril
It's on me	f		6	marcas de buena calidad

2	Elige la palabra o frase correcta que corresponda en cada caso

a. Fumar
1. lighter
2. smoke
3. match

d. Servida del barril
1. bottle
2. round
3. draft

b. Marca económica
1. cover charge
2. bottom shelf
3. top shelf

e. Cuenta
1. tab
2. tap
3. happy hour

c. Bebida pura
1. straight
2. on the rocks
3. high ball

f. Medida pequeña
1. shot
2. draft
3. cocktail

Las respuestas (Key) están al pie de la página siguiente.

3   Escribe en inglés estas frases que aparecen en la lista

a. ¿Hasta qué hora está abierto?

_____

b. ¿Venden cigarrillos?

_____

c. ¿Tienen mesas de pool o dardos?

_____

d. ¿Tiene una consumición mínima?

_____

e. ¿Qué van a beber?

_____

f. Quisiera un whisky con hielo.

_____

Felicitaciones!

Has terminado con éxito la **Unidad 37**, donde aprendiste las **palabras más usadas** y las **frases más comunes** para utilizar con **El barman.**

Unit 38

Delivery

Envío a domicilio

El servicio de entrega a domicilio se ha vuelto indispensable, sobre todo en las grandes ciudades, donde la gente ordena por teléfono la comida, ya sea para que se la lleven a su lugar de trabajo, a su casa, o cuando invita a sus amigos a cenar. Las ventajas de este servicio son varias: no tienes que cocinar tú mismo cuando estás cansado, la comida te llega caliente y lista para comer, y no usas demasiados utensilios ni vajilla que después tienes que lavar. Los pedidos más comunes para entrega a domicilio son la pizza, la comida china, la comida mexicana y, cada vez más, la comida fresca y natural. Lee las siguientes listas y ¡prepárate para ordenar!

Palabras más usadas

Menu
(ményu:) menú

Specials
(spéshelz) especiales del día

Combo
(ká:mbou) combo

Radius
(réidies) radio de entrega

Delivery man
(dilíve:ri mæn) hombre que realiza la entrega

Delivery car/truck
(dilíve:ri ka:r/trak) auto/ camión de entrega

Delivery time
(dilíve:ri táim) hora de entrega

Utensils
(yu:ténsilz) utensilios

Napkin
(næpkin) servilleta

Address
(ædres) dirección

Contact number
(ká:ntekt námbe:r)
número de contacto

Online ordering
(á:nlain ó:rde:ring)
orden por Internet

Pizza
(pítse) pizza

Chinese food
(chainí:z fu:d) comida china

Sauce
(sa:s) salsa

Warmer
(wá:rme:r) sobre que
mantiene caliente
la comida

Credit card number
(krédit ka:rd námbe:r)
número de tarjeta
de crédito

Expiration date
(ekspiréishen déit)
fecha de vencimiento

Coupon
(kú:pa:n) cupón

Delivery charge
(dilíve:ri cha:rsh)
costo de envío

Discount
(dískaunt)
descuento

Total
(tóurel) total

Cash
(kæsh) efectivo

Tip
(tip) propina

Frases más comunes

Call ahead
llamar con anticipación

Do you deliver to this address?
¿hacen envíos a esta dirección?

Can you hold, please?
¿puede esperar, por favor?

What would you like to order?
¿qué quiere ordenar?

I'd like...
quisiera...

I need extra...
necesito más...

We no longer have that special
no tenemos más ese especial del día

Do you have an extra menu?
¿tiene otro menú?

We need rush delivery
necesitamos un envío rápido

Is that all?
¿es todo?

Is this for pick up or delivery?
¿es para llevar o para envío?

I need your address and phone number
necesito su dirección y número de teléfono

How long will it take?
¿cuánto tiempo tardará?

Your order will be ready in 20 minutes
su orden estará lista en 20 minutos

How late do you deliver?
¿hasta qué hora hacen envíos?

Is there a delivery fee?
¿tiene costo el envío?

We have a minimum order of $15
nuestro pedido mínimo es de $15

You are outside our delivery radius
usted está fuera
de nuestro radio
de entrega

Do I have to pay with cash?
¿tengo que pagar
en efectivo?

I have a coupon
tengo un cupón

Your total is $ 34
el total es $34

Thank you for calling
gracias por llamar

You forgot part of our order
se olvidó parte de
nuestra orden

Keep the change
quédese con el cambio

Please cancel the order
por favor, cancele la orden

Can I order online?
¿puedo hacer el pedido
por Internet?

 Apuntes de Gramática

How puede combinarse con otra palabra para formar preguntas:

How late do you deliver?: ¿hasta qué hora hacen envíos?

How long will it take?: ¿cuánto tiempo tardará?

How far is your house?: ¿cuán lejos está su casa?

How old are you?: ¿cuántos años tienes?

Practica con estos ejercicios

1 Une con una línea las palabras y frases en inglés con su significado en español

Specials	a		1	costo de envío
Radius	b		2	hombre que realiza la entrega
Call ahead	c		3	especiales del día
Online ordering	d		4	radio de entrega
Delivery man	e		5	orden por Internet
Delivery charge	f		6	llamar con anticipación

2 Elige la palabra o frase correcta que corresponda en cada caso

a. Envío rápido
1. delivery time
2. rush delivery
3. call ahead

d. Pedido mínimo
1. minimum order
2. discount
3. charge

b. Cancelar
1. pick up
2. deliver
3. cancel

e. Dirección
1. contact
2. radius
3. address

c. Radio
1. minimum order
2. charge
3. radius

f. Servilleta
1. utensils
2. napkin
3. warmer

Las respuestas (Key) están al pie de la página siguiente.

3   Escribe en inglés estas frases que aparecen en la lista

a. ¿Hacen envíos a esta dirección?

_____

b. ¿Cuánto tiempo tardará?

_____

c. ¿Hasta qué hora hacen envíos?

_____

d. ¿Tiene costo el envío?

_____

e. Quédese con el cambio.

_____

f. Se olvidó parte de nuestra orden.

_____

Felicitaciones!

Has terminado con éxito la **Unidad 38**, donde aprendiste las **palabras más usadas** y las **frases más comunes** para utilizar con **El envío a domicilio**.

Unit 39

The cook
El cocinero

Cocinar es una actividad apasionante, tanto para quienes trabajan como cocineros en casas de familia, hoteles o restaurantes, como para quienes disfrutan preparando diferentes platos para su familia y sus amistades. Para trabajar como cocinero, hacen falta, entre otras cosas, conocimientos sobre los diferentes tipos de alimentos e ingredientes, las técnicas de preparación y de cocción, y los utensilios y electrodomésticos que harán posible o facilitarán la preparación de una buena comida. Resulta esencial, por lo tanto, entender el vocabulario específico de esta actividad, ya sea para comprender una receta de cocina o para explicarle a un asistente cómo se prepara un plato específico.

Palabras más usadas

Fry
(frái) freír

Thaw
(za:) descongelar

Chop
(cha:p) picar

Cut
(kat) cortar

Dice
(dáis) cortar en cubos

Shred
(shred)
cortar en tiras

Roll
(róul) arrollar

Blend
(blend) mezclar

Stuff/Fill
(staf/fil) rellenar

Raw
(ra:) crudo

Spices
(spáisiz) especias

Marinade
(mærineid) marinada

Utensils
(yu:ténsils)
utensilios

Pot
(pa:t) cacerola

Drain
(dréin) colar

Grate
(gréit) rallar

Mixer
(míkse:r) mezcladora

Measuring cup
(méshe:ring kap)
medidor

Teaspoon
(tí:spu:n)
cucharadita

Tablespoon
(téibelspu:n)
cucharada

Stovetop
(stóuvta:p) quemadores/
hornallas de la estufa

Microwave
(máikreweiv)
microondas

Frases más comunes

Do you have the recipe?
¿tienes la receta?

Wash your hands thoroughly
lávese bien las manos

Mix ingredients
mezclar los ingredientes

Do not overbeat
no batir de más

Season to taste
sazonar a gusto

Add a pinch of salt
agregar una pizca de sal

Separate the egg whites
separar la clara
de la yema

Let the dough rise
dejar levar la masa

Preheat the oven
precalentar el horno

Spray/Coat the pan
rociar la sartén
con aceite

Heat the grill
calentar la parrilla

Boil covered
hervir con la tapa

Bring to a boil
hacer hervir

Reduce heat to simmer
hervir a fuego lento

Stir frequently
revolver frecuentemente

Cook until tender
cocinar hasta que
esté tierno

Remove from heat
quitar del fuego

Drain and return to pot
colar y volver a colocar
en la cacerola

Reheat before serving
calentar antes de servir

Set on a cooling rack
enfriar en una rejilla

Let cool for 20 minutes
dejar enfriar durante
20 minutos

Chill in the refrigerator
enfriar en el refrigerador

Refrigerate overnight
dejar en el refrigerador
toda la noche

Set the table, please
por favor, pon la mesa

Dinner is ready!
¡la cena está lista!

Apuntes de Gramática

Cuando quieras expresar negación con el verbo **to be**,
debes agregar **not** después del verbo:

I am not (I'm not) Puerto Rican: no soy puertorriqueño

She is not (she's not/she isn't) in the office
ella no está en la oficina

They are not (they're not/they aren't) my friends
ellos no son mis amigos

Practica con estos ejercicios

1 Une con una línea las palabras y frases en inglés con su significado en español

Thaw	a		1	colar
Stuff	b		2	hornear
Drain	c		3	mezclar
Blend	d		4	descongelar
Boil	e		5	hervir
Bake	f		6	rellenar

2 Elige la palabra o frase correcta que corresponda en cada caso

a. Precalentar
1. heat
2. preheat
3. reheat

d. Hervir
1. boil
2. bake
3. sauté

b. Mezclar
1. blend
2. remove
3. reduce

e. Cortar en cubos
1. chop
2. dice
3. shred

c. Picar
1. shred
2. dice
3. chop

f. Rallar
1. drain
2. stuff
3. grate

Las respuestas (Key) están al pie de la página siguiente.

3 Escribe en inglés estas frases que aparecen en la lista

a. Separar la clara de la yema.

_____

b. Sacar del fuego.

_____

c. ¡La cena está lista!

_____

d. Enfriar en el refrigerador.

_____

e. Revolver frecuentemente.

_____

f. Sazonar a gusto.

_____

Felicitaciones!

Has terminado con éxito la **Unidad 39**, donde aprendiste las **palabras más usadas** y las **frases más comunes** para utilizar con **El cocinero.**

Unit 40

Family and friends

La familia y los amigos

Nuestra familia es el primer núcleo social al que pertenecemos y en el que crecemos y nos desarrollamos. Además de nuestros padres, nuestros abuelos, tíos, primos y hermanos son las personas que comparten los momentos más importantes de nuestra niñez y adolescencia, y cada uno cumple un rol esencial que nos marcará de una manera u otra en nuestra vida adulta. Por supuesto que este abanico de personas se abre para dar lugar a nuestros amigos, a los que elegimos porque comparten nuestras ideas y nuestros gustos, porque nos acompañan en buenos y malos momentos o, simplemente, porque los queremos tal cual son. En esta última unidad, incluimos el vocabulario básico relacionado con la familia y la amistad.

Palabras más usadas

Relatives	Father
(réletivz) parientes	(fá:de:r) padre

Grandfather/Grandpa	Mother
(grændfá:de:r/grændpa:) abuelo	(máde:r) madre

Brother
(bráde:r) hermano

Grandmother/Grandma	Sister
(grændmá:de:r/grændma:) abuela	(síste:r) hermana

Husband
(házbend) esposo

Wife
(wáif) esposa

Children/Kids
(children/kidz)
niños/hijos

Grandson
(grændsen) nieto

Granddaughter
(grændá:re:r) nieta

Single parent
(síngel pérent)
padre soltero/
madre soltera

Stepfather
(stépfá:de:r)
padrastro

Stepmother
(stépmáde:r)
madrastra

Stepsiblings
(stépsiblings)
hermanastros

Uncle
(ánkel) tío

Aunt
(ænt) tía

Nephew
(néfyu:) sobrino

Niece
(ni:s) sobrina

Cousin
(kázen) prima/primo

Friendship
(fréndship) amistad

Friend
(frend) amigo/amiga

Acquaintance
(ekwéintens)
conocido/conocida

Frases más comunes

How are you related?
¿qué relación de
parentesco tienen?

What is your family name?
¿cuál es tu apellido?

**Do you have any
brothers and sisters?**
¿tienes hermanos
y hermanas?

I'm an only child
soy hijo/hija única

We're twins
somos mellizos

My parents are divorced
mis padres están divorciados

**My wife is pregnant/
expecting a baby**
mi esposa está embarazada/
esperando un bebé

**Bring up/Raise
children**
criar hijos

Are you married?
¿estás casado?

We live together
vivimos juntos

I live alone/on my own
vivo sola

I grew up in Texas
crecí en Texas

**My grandparents
are Salvadorean**
mis abuelos son
salvadoreños

Miami is my hometown
Miami es mi ciudad natal

Who do you take after?
¿a quién te pareces?

You look like your father
te pareces a tu padre

You are like your mother
tienes el carácter
de tu madre

Why don't we get together?
¿por qué no nos reunimos?

Are you attending the family reunion?
¿vas a la reunión familiar?

Get along well with
llevarse bien con alguien

We don't have a very good relationship
no tenemos una relación muy buena

We're very close
somos muy unidos

We love each other
nos queremos

They hate each other
se odian

I'm growing old
estoy envejeciendo

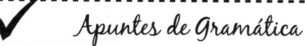

Apuntes de Gramática

Be born significa «nacer»:

He was born in 2005: él nació en 2005.
They were born in Canada: ellos nacieron en Canadá.

Grow up significa «crecer»:

I grew up in Mexico: crecí en México.

Bring up/raise significan «criar»:

She was brought up/raised by her grandmother
ella fue criada por su abuela.

Practica con estos ejercicios

1 Une con una línea las palabras y frases
en inglés con su significado en español

Friendship	a		1	prima	
Relatives	b		2	abuela	
Nephew	c		3	hermano	
Grandmother	d		4	parientes	
Cousin	e		5	amistad	
Brother	f		6	sobrino	

2 Elige la palabra o frase correcta
que corresponda en cada caso

a. Abuelo
1. grandfather
2. granddaughter
3. grandmother

d. Parientes
1. nephew
2. relatives
3. stepsiblings

b. Hermana
1. brother
2. sister
3. aunt

e. Conocido
1. relatives
2. acquaintance
3. friend

c. Tío
1. aunt
2. cousin
3. uncle

f. Sobrina
1. nephew
2. niece
3. cousin

Las respuestas (Key) están al
pie de la página siguiente.

3   Escribe en inglés estas frases que aparecen en la lista

a. Soy hija única.

b. Somos muy unidos.

c. Es mi mejor amigo.

d. ¿Tienes hermanos y hermanas?

e. ¿Por qué no nos reunimos?

f. Crecí en Texas.

Key

3. a-I'm an only child; b-We're very close; c-He's my best friend; d-Do you have any brothers and sisters?; e-Why don't we get together?; f-I grew up in Texas.

2. a-1; b-2; c-3; d-2; e-2; f-2.

1. a-5; b-4; c-6; d-2; e-1; f-3.

Felicitaciones!

Has terminado con éxito la **Unidad 40**, donde aprendiste las **palabras más usadas** y las **frases más comunes** para utilizar con **La familia y los amigos.**

LAS 1,000 PALABRAS CLAVE DEL INGLÉS AMERICANO

Ordenadas por importancia y frecuencia de uso

1 a 100 — Palabras clave del inglés americano

A (e). Un, una
Address (ædres). Dirección
Age (eish). Edad
All (a:l). Todos
And (end). Y
Are (a:r). Son, están
Back (bæk). Atrás, espalda
Be (bi:). Ser, estar
Because (bico:s). Porque
Big (big). Grande
But (bat). Pero
Can (kæn). Poder
Car (ka:r). Automóvil
Country (kántri). País
Did (did). Pasado simple del verbo hacer
Do (du:). Hacer
Drive (dráiv). Conducir
Eat (i:t). Comer
English (inglish). Inglés
Far (fa:r). Lejos
Food (fud). Comida
For (fo:r). Para
From (fra:m). De, desde
Get (get). Conseguir
Go (góu). Ir

Good (gud). Bueno
Have (jæv). Tener
He (ji:). Él
Here (jir). Aquí, acá
His (jiz). Su (de él)
Home (jóum). Hogar
Hour (áur). Hora
How (jáu). ¿Cómo?
I (ái).Yo
In (in). En
Is (is). Es
It (it). Lo
Job (sha:b). Trabajo
Like (láik). Gustar
Look (luk). Mirar
Mail (méil). Correo
Make (méik). Hacer
Man (mæn). Hombre
Many (mæni). Muchos
Me (mi:). Me, a mí
Mile (máil). Milla
Money (máni). Dinero
More (mo:r). Más
Much (ma:ch). Mucho
My (mái). Mi
Need (ni:d). Necesitar

Never (néve:r). Nunca

New (nu:). Nuevo

No (nou). No

Not (not). No

Number (namber). Número

Of (ev). De

Old (óuld). Viejo

One (wan). Uno

Open (óupen). Abrir

Or (o:r). O

Other (á:de:r). Otro

Out (áut). Afuera

Put (put). Poner

Same (seim). Mismo

Say (séi). Decir

See (si:). Ver

She (shi:). Ella

Some (sæm). Algunos

Soon (su:n). Pronto

Street (stri:t). Calle

That (dæt). Esa, ese, eso, aquella, aquel, aquello

The (de). El, la, las, los

There (der). Allá, allí

They (déi). Ellos/as

This (dis). Este,este,esto

Time (táim). Tiempo

To (tu:). A

Today (tudei). Hoy

Two (tu:). Dos

Understand (anderstænd). Entender

Up (ap). Arriba

Use (iu:s). Usar

Very (véri). Muy

Wait (wéit). Esperar

Want (wa:nt). Querer

Was (wos). Era, fue

We (wi:). Nosotros

Well (wel). Bien

What (wa:t). ¿Qué?

When (wen). ¿Cuándo?

Why (wái). ¿Por qué?

Will (wil). Auxiliar para el futuro

With (wid). Con

Woman (wumen). Mujer

Word (word). Palabra

Write (ráit). Escribir

Yes (yes). Sí

You (yu:).Tú, usted, ustedes

Your (yo:r). Tu; su; de usted, de ustedes

101 a 200 — Palabras clave del inglés americano

About (ebáut). Acerca de

After (æfte:r). Después

Ago (egóu). Atrás

Always (a:lweiz). Siempre

An (en). Un, una

Bad (bæd). Malo

Bag (bæg). Bolso, bolsa

Before (bifo:r). Antes

Begin (bigín). Comenzar

Below (bilóu). Debajo de

Better (bérer). Mejor

Between (bitwí:n). Entre

Bottom (bá:rem). Parte inferior

Bye (bái). Adiós

Cheap (chi:p). Barato

Clean (kli:n). Limpiar

Coin (kóin). Moneda

Collect (kelékt). Cobrar

Color (kále:r). Color

Come (kam). Venir

Complete (kemplí:t). Completar

Cook (kuk). Cocinar

Cost (ka:st). Costar

Credit (krédit). Crédito

Customer (kásteme:r). Cliente

Customs (kástems). Aduana

Cut (kat). Cortar

Day (déi). Día

Directions (dairékshen). Instrucciones

Doctor (dá:kte:r). Doctor

Does (dáz). Auxiliar del presente simple

Dollar (dá:le:r). Dólar

Down (dáun). Abajo

Drink (drink). Beber

Early (érli). Temprano

Easy (í:zi). Fácil

End (end). Fin

Enough (ináf). Suficiente

Enter (éne:r). Ingresar

Exit (éksit). Salida

Expensive (ikspénsiv). Caro

Fine (fáin). Bien

Friend (frend) Amigo

Go on (góu a:n). Ocurrir

Go out (góu áut). Salir

Great (gréit). Fantástico

Happy (jæpi). Feliz

Hello (jelóu). Hola

Help (jelp). Ayudar

Hi (jái). Hola

House (jáuz). Casa

I.D. Card (ái di: ka:rd). Documento de identidad

Immigration (imigréishen). Inmigración

Just (sha:st). Recién

Know (nóu). Saber

Lawyer (la:ye:r). Abogado

Live (liv). Vivir

Mailman (méilmen). Cartero

Main (méin). Principal

Manager (mænishe:r). Gerente

Market (má:rket). Mercado

Mean (mi:n). Significar

Men(men). Hombres

Must (mast). Deber, estar obligado a

Name (néim). Nombre

Near (nir). Cerca

Nice (náis). Agradable

Nothing (názing). Nada

O.K. (óu kéi). De acuerdo

On (a:n). Sobre

Pay (péi). Pagar

Price (práis). Precio

Question (kuéschen). Pregunta

Read (ri:d). Leer

Ready (rédi). Listo

Right (ráit). Derecha

Second (sékend). Segundo

Sell (sel). Vender

Send (sénd). Enviar.

Shut (shat). Cerrar

Sign (sáin). Firmar

So (sóu). Por lo tanto

Sold (sóuld). Vendido

Somebody (sámba:di). Alguien

Something (sámzing). Algo

Speak (spi:k). Hablar

Start (sta:rt). Comenzar

Stop (sta:p). Parar

Take (téik). Tomar

Talk (ta:k). Conversar

Then (den). Entonces

Thing (zing). Cosa

Water (wá:re:r). Agua

Way (wéi). Camino

Where (wer). ¿Dónde?

Which (wích). ¿Cuál?

Who (ju:). ¿Quién?

Without (widáut). Sin

Work (we:rk). Trabajar

Work permit (we:rk pé:rmit). Permiso de trabajo.

201 a 300 — Palabras clave del inglés americano

Across (ekrá:s). A través, en frente de

Afternoon (æfte:rnu:n). Tarde

Again (egén). Otra vez

Agreement (egrí:ment). Acuerdo

Airport (érport). Aeropuerto

Amount (emáunt). Cantidad

Answer (ænser). Contestar

Apartment (apa:rtment). Apartamento

Application form (æplikéishen fo:rm). Formulario de solicitud

Apply (eplái). Postularse

Around (eráund). Alrededor

As (ez). Como

Ask (æsk). Preguntar

Attorney (eté:rnei). Abogado, fiscal

Authority (ezo:riti). Autoridad

Average (æverish). Promedio

Bank (bænk). Banco

Behind (bijáind). Detrás

Border (bo:rde:r). Frontera

Bottle (ba:rl). Botella

Box (ba:ks). Caja

Break (bréik). Romper

Bring (bring). Traer

Building (bílding). Edificio

Burn (be:rn). Quemar

Can (kæn). Poder

Cash (kæsh). Dinero en efectivo

Change (chéinsh). Cambiar

Check (chek). Cheque

Coffee (ka:fi). Café

Cold (kóuld). Frío

Come from (kam fra:m). Venir de

Construction worker (kenstrákshen we:rke:r). Obrero de la construcción

Contractor (kentræ:kte:r). Contratista

Count (káunt). Contar

Country code (kántri kóud). Código de país

Crime (kráim). Delito

Deliver (dilíve:r). Enviar

Dial (dáiel). Discar

Difference (díferens). Diferencia

Difficult (dífikelt). Difícil

Dirty (déri). Sucio

Driver license (dráiver láisens). Licencia de conducir

Employee (imploií:). Empleado

Employer (implóie:r). Empleador

Experience (íkspíriens). Experiencia

Family (fæmeli). Familia

Feel (fi:l). Sentir

First (fe:rst). Primero
Follow (fá:lou). Seguir
Free (fri:). Libre
Hand (jænd). Mano
Hard (ja:rd). Difícil
Head (jed). Cabeza
High (jái). Alto
Hope (jóup). Esperanza
Hot (ja:t). Caliente
Important (impó:rtent). Importante
Information (infe:rméishen). Información
Insurance (inshó:rens). Seguro
Interest (íntrest). Interés
Key (ki:). Llave
Last (læst). Último
Learn (le:rn). Aprender
Leave (li:v). Partir
Little (lírel). Pequeño
Long (lan:g). Largo
Low (lóu). Bajo
Mad (mæd). Furioso
Meaning (mi:ning). Significado
Next (nékst). Próximo
Night (náit). Noche
Often (á:ften). A menudo
People (pí:pel). Gente

Person (pé:rsen). Persona
Phone (fóun). Teléfono
Prepaid (pripéd). Prepagado
Purchase (paercheis). Adquirir
Rate (réit). Tarifa, tasa
Rent (rent). Alquilar
Return (rité:rn). Devolver
Road (róud). Camino
Save (séiv). Ahorrar
Should (shud). Deber (para dar consejos)
Sick (sik). Enfermo
Since (sins). Desde
Spend (spénd). Gastar
Still (stil). Aún
Teach (ti:ch). Enseñar
Tell (tel). Decir
Think (zink). Pensar
Three (zri:). Tres
Tip (tip). Propina
Tomorrow (temórou). Mañana
Tonight (tenáit). Esta noche
Too (tu:). También
True (tru:). Verdad
Under (ánde:r). Debajo
Yesterday (yésterdei). Ayer
Yet (yet). Todavía

301 a 400 — Palabras clave del inglés americano

Able (éibel). Capaz

Above (ebáv). Arriba de

Accept (eksépt). Aceptar.

Agree (egrí:). Estar de acuerdo

Also (á:lsou). También

Anybody (éniba:di). Alguien

Anyone (éniwan). Alguien

Anything (énizing). Algo

Ask for (æsk fo:r). Pedir

At (æt). A, en

ATM (ei. ti: em) Cajero automático

Avenue (ævenu:). Avenida

Block (bla:k). Cuadra

Both (bóuz). Ambos

Buy (bái). Comprar

Care (ker). Cuidado

Catch (kæch). Atrapar

Citizen (sírisen). Ciudadano

City (síri). Ciudad

Come back (kam bæk). Regresar

Come in (kam in). Entrar

Come on (kam a:n). Pedirle a alguien que se apure

Credit card (krédit ka:rd). Tarjeta de crédito.

Debit card (débit ka:rd). Tarjeta de débito

Deliver (dilíve:r). Enviar

Die (dái). Morir

Discussion (diskáshen). Conversación

Dry (drái). Seco

Education (eshekéishen). Educación

Elevator (éleveire:r). Ascensor

Evening (í:vning). Final de tarde, noche

Find (fáind). Encontrar

Four (fo:r). Cuatro

Gas (gæs). Gasolina

Inch (inch). Pulgada

Keep away (ki:p ewái). Mantenerse alejado

Last name (læst néim). Apellido

Late (léit). Tarde

Left (left). Izquierda

Listen (lísen). Escuchar

Look for (luk fo:r). Buscar

Lose (lu:z). Perder

Necessary (néseseri). Necesario

Only (óunli). Solamente

Outside (autsáid). Afuera

Over (óuve:r). Por encima

Pen (pen). Bolígrafo

Perfect (pé:rfekt). Perfecto

Place (pléis). Lugar

Pull (pul). Tirar, halar

Push (push). Empujar

Quick (kuík). Rápido

Really (ríeli). Realmente

Receive (risí:v). Recibir

Requirement (rikuáirment). Requisito

Resident (rézident). Residente

Run (ran). Correr

Run away (ran ewéi). Escapar

Safe (séif). Seguro

School (sku:l). Escuela

Seem (si:m). Parecer

Show (shóu). Mostrar

Sit (sit). Sentarse

Slow down (slóu dáun). Disminuir la marcha

Small (sma:l). Pequeño

Smoke (smóuk). Fumar

Soda (sóude). Refresco

Someone (sámuen). Alguien

Sometimes (sámtaimz). A veces

Sound (sáund). Sonar

Speed (spi:d). Velocidad

Speed up (spi:d ap). Acelerar

Spell (spel). Deletrear

Station (stéishen). Estación

Store (sto:r). Tienda

Supermarket (su:pe:rmá:rket). Supermercado

Telephone (télefóun). Teléfono

Temperature (témpriche:r). Temperatura

There are (der a:r). Hay (pl.)

There is (der iz). Hay (sing.)

Through (zru:). A través

Times (táimz). Veces

Toilet (tóilet). Inodoro

Try (trái). Tratar

Twice (tuáis). Dos veces

Us (as). A nosotros

Walk (wa:k). Caminar

Wall (wa:l). Pared

Weather (wéde:r). Tiempo

Week (wi:k). Semana

Weekend (wí:kend). Fin de semana

Welcome (wélcam). Bienvenido

While (wáil). Mientras

Whole (jóul). Entero

Whose (ju:z). ¿De quién?

Worry (wé:ri). Preocuparse

Would (wud). Auxiliar para ofrecer o invitar

Wrong (ra:ng). Equivocado

Year (yir). Año

Zero (zí:rou). Cero

401 a 500 — Palabras clave del inglés americano

Actually (ækchueli). En realidad
Agency (éishensi). Agencia
Air (er). Aire
Area Code (érie kóud). Código de área
Arrival (eráivel). Llegada
Arrive (eráiv). Llegar
Attack (etæk). Ataque
Aunt (ænt). Tía
Bakery (béikeri). Panadería
Beer (bir). Cerveza
Birthday (bérzdei). Cumpleaños
Blue (blu:). Azul
Call (ka:l). Llamar
Carry (kéri). Transportar
Cashier (kæshír). Cajero
Ceiling (síling). Techo
Chance (chæns). Oportunidad
Citizenship (sírisenship) Ciudadanía
Clear (klíe:r). Aclarar
Closet (klóuset). Ropero
Comfortable (kámfe:rtebel) Cómodo
Company (kámpeni). Compañía
Computer (kempyú:re:r). Computadora
Counselor (káunsele:r). Asesor
Counter (káunte:r). Mostrador
Culture (ké:lche:r). Cultura
Debt (dét). Deuda

Destination (destinéishen). Destino
Dining room (dáining ru:m) Comedor
Dish (dish). Plato
Distance (dístens). Distancia
Downtown (dáuntaun). Centro de la ciudad
Driver (dráive:r). Conductor
Drugstore (drágsto:r). Farmacia
Egg (eg). Huevo
Eight (éit). Ocho
Electrician (elektríshen). Electricista
Engine (énshin). Motor
Expert (ékspe:rt). Experto
Farmer (fá:rme:r). Granjero
Feet (fi:t). Pies
Fight (fáit). Luchar
Fire (fáir). Fuego
Five (fáiv). Cinco
Foreign (fó:ren). Extranjero
Forget (fegét). Olvidar
Gas station (gæs stéishen). Gasolinera
Half (ja:f). Medio
Hear (jier). Oír
Highway (jáiwei). Autopista
Holiday (já:lidei). Día de fiesta, festivo
Hotel (joutél). Hotel

Hundred (já:ndred). Cien

Ice (áis). Hielo

Kitchen (kíchen). Cocina

Large (la:rsh). Grande

Light (láit). Luz

Lost (lost). Perdido

Meet (mi:t). Conocer a alguien

Move (mu:v). Mover

Once (uáns). Una vez

Opportunity (epertú:neri). Oportunidad

Our (áuer). Nuestro

Paper (péipe:r). Papel

Passport (pæspo:rt). Pasaporte

Permit (pé:rmit). Permiso

Phone card. (fóun ka:rd). Tarjeta telefónica.

Post office (póust á:fis). Oficina de correos

Profession (preféshen). Profesión

Quite (kuáit). Bastante

Relation (riléishen). Relación

Relationship (riléishenship). Relación

Remember (rimémbe:r). Recordar

Repeat (ripí:t). Repetir

Salesperson (séilspe:rsen). Vendedor

Set up (set ap) Establecer

Sir (se:r). Señor

Sleep (sli:p). Dormir

Smell (smel). Oler

Stair (stér). Escalera

Stamp (stæmp). Estampilla

Stop by (sta:p bái). Visitar por un corto período

Straight (stréit). Derecho

Subway (sábwei). Subterráneo

Sweat (swet). Transpirar

Thousand (záunsend). Mil

Throw (zróu). Lanzar

Throw away (zróu ewéi). Tirar a la basura

Tool (tu:l). Herramienta

Train (tréin). Tren

Truck (trak). Camión

Trunk (tránk). Maletero

Turnpike (té:rnpaik). Autopista con peaje

Usually (yu:shueli). Usualmente

Vacation (veikéishen). Vacación

Waist (wéist). Cintura

Warm (wa:rm). Cálido

Window (wíndou). Ventana

World (we:rld). Mundo

Worse (we:rs). Peor

501 a 600 — Palabras clave del inglés americano

Approval (eprú:vel). Aprobación

Argument (a:rgiument). Discusión

Assistant (esístent). Asistente

Awful (á:fel). Feo, horrible

Baby sitter (béibi síre:r). Niñera

Bake (béik). Hornear

Balcony (bælkeni). Balcón

Ball (ba:l). Pelota

Bathroom (bæzrum) Cuarto de baño

Battery (bæreri). Batería

Beautiful (biú:rifel). Hermoso

Bed (bed). Cama

Bedroom (bédrum). Dormitorio

Behavior (bijéivye:r). Comportamiento

Brother (bráde:r). Hermano

Brown (bráun). Marrón

Calm (ka:lm). Calmar

Car dealer (ka:r di:le:r). Vendedor de autos

Carpet (ká:rpet). Alfombra

Casual (kæshuel). Informal

Child (cháild). Niño

Children (chíldren). Hijos, niños

Copy (ká:pi). Copiar

Cousin (kázen). Primo

Danger (déinshe:r). Peligro

Dark (da:rk). Oscuro

Daughter (dá:re:r). Hija

Development (divélopment). Desarrollo

Door (do:r). Puerta

Engineer (enshinír). Ingeniero

Enjoy (inshói). Disfrutar

Ever (éve:r). Alguna vez

Example (igzæmpel) Ejemplo

Explain (ikspléin). Explicar

Fat (fæt). Grasa, gordo/a

Father (fá:de:r). Padre

Favorite (féivrit). Favorito

Feed (fi:d). Alimentar

Furniture (fé:rnicher). Muebles

Gardener (gá:rdene:r). Jardinero

Girl (ge:rl). Muchacha, niña

Girlfriend (gé:rlfrend). Novia

Grandfather (grændfá:de:r). Abuelo

Grass (græs). Césped

Hairdresser (jerdrése:r). Peluquero

Hard-working (já:rdwe:rking). Trabajador

Hate (jéit). Odiar

Him (jim). Lo, le, a él

Housekeeper (jáuz ki:pe:r). Ama de llaves

Hurt (he:rt). Doler

Husband (jázbend). Esposo

Interview (ínner:viu:). Entrevista

Labor (léibe:r). Laboral

Land (lænd). Tierra

Law (la:). Ley

Mechanic (mekænik). Mecánico

Mine (máin). Mío/a

Miss (mis). Señorita

Mother (máde:r). Madre

Nanny (næni). Niñera

Nurse (ners). Enfermera

Offer (á:fe:r). Oferta

Office (á:fis). Oficina

Paint (péint). Pintar

Parents (pérents). Padres

Rain (réin). Lluvia

Rest (rest). Descansar

Résumé (résyu:mei) Currículum vitae

Roof (ru:f). Techo

Room (ru:m). Habitación

Screw (skru:). Atornillar

Screw driver (skru: dráive:r). Destornillador

Screw up (skru: ap). Arruinar

Seat (si:t). Asiento

Serve (se:rv). Servir

Shelf (shelf). Estante

Sister (síste:r). Hermana

Six (síks). Seis

Skill (skil). Habilidad

Social Security (sóushel sekiurity). Seguro social

Son (san). Hijo

Stool (stu:l). Banqueta

Stove (stóuv). Cocina

Sweep (swi:p). Barrer

Table (téibel). Mesa

Technician (tekníshen). Técnico

Tire (táie:r). Goma

Uncle (ánkel). Tío

Union (yú:nien). Sindicato

Vacuum (vækyú:m). Aspiradora

Veterinarian (vete:riné:rian). Veterinario

Waiter (wéire:r). Mesero

Waitress (wéitres). Mesera

Wash (wa:sh). Lavar

Waste (wéist). Malgastar

Watch (wa:ch). Mirar

Wheel (wi:l). Rueda

Wife (wáif). Esposa

Wind (wind). Viento

Wood (wud). Madera

601 a 700 — Palabras clave del inglés americano

Account (ekáunt). Cuenta

Add (æd). Agregar

Advice(edváis). Consejo

Apologize (epá:leshaiz). Disculparse

Attention (eténshen). Atención

Balance (bælens). Saldo

Bankrupt (bænkrept). Bancarrota

Basement (béisment). Sótano

Black (blæk). Negro

Blind (bláind). Ciego

Blond (bla:nd). Rubio

Blow (blóu). Soplar

Borrow (bárau). Pedir prestado

Boyfriend (bóifrend). Novio

Buddy (bári). Amigo

Certificate (se:rtífiket). Certificado

Chest (chest). Pecho

Chicken (chíken). Pollo

Could (kud). Podría

Damage (dæmish). Daño

Dangerous (déinsheres). Peligroso

Deposit (dipá:zit). Depósito

Dictionary (díksheneri). Diccionario

Dime (dáim). Diez centavos de dólar

Disappointed (disepóinted). Desilusionado

Down payment (dáun péiment). Anticipo, cuota inicial

During (during). Durante

Error (é:re:r). Error

Every day (évri déi). Todos los días

Everything (évrizing). Todo

Excellent (ékselent). Excelente

Floor (flo:r). Piso

Front (fra:nt). Frente

Fun (fan). Diversión

Get up (get ap). Levantarse de la cama

Give back (giv bæk). Devolver

Glass (glæs). Vidrio

Glasses (glæsiz). Anteojos

Go through (góu zru:). Revisar

Gray (gréi). Gris

Green (gri:n). Verde

Her (je:r). Su (de ella)

Imagine (imæshin). Imaginar

Improve (imprú:v). Mejorar

Increase (inkrí:s). Aumentar

Installment (instá:lment). Cuota

Interest rate (íntrest réit). Tasa de interés

Interesting (íntresting). Interesante

Invite (inváit). Invitar

Kick (kik). Patear

Kid (kid). Niño, chico

Language (længuish). Idioma

Line (láin). Fila

Mess (mes). Desorden

Money order (máni ó:rde:r). Giro postal

Month (mánz). Mes

Mouth (máuz). Boca

News (nu:z). Noticias

Nickel (níkel). Cinco centavos de dólar

Noise (nóiz). Ruido

Official (efíshel). Oficial

Package (pækish). Paquete

Penny (péni). Un centavo de dólar

Pick up (pik ap). Recoger

Prescription (preskrípshen). Receta médica

Problem (prá:blem). Problema

Quarter (kuá:re:r). Veinticinco centavos de dólar

Rare (rer). Cocción jugosa

Remind (rimáind). Hacer acordar

Reschedule (riskéshu:l). Reprogramar

Scissors (sí:ze:rs). Tijeras

Season (sí:zen). Temporada

Separate (sépe:reit). Separar

Seven (séven). Siete

Shake hands (shéik jændz). Dar la mano

Ship (ship). Barco

Shipment (shipment). Envío

Smart (sma:rt). Inteligente

Snow (snóu). Nieve

Space (spéis). Espacio

Spring (spring). Primavera

Stomach (stá:mek). Estómago

Student (stú:dent). Estudiante

Study (stádi). Estudiar

Stuff (staf). Cosas

Summer (sáme:r). Verano

Sun (sán). Sol

Tax (tæks). Impuesto

Their (der). Su (de ellos/as)

Them (dem). Les, las, los, a ellos/as

These (di:z). Estas/estos

Those (dóuz). Esas/os, aquellas/os

Transaction (trensækshen). Transacción

Transfer (trænsfe:r). Transferir

Travel (trævel). Viajar

Trip (trip). Viaje

Winter (wíne:r). Invierno

Wire (wáir). Alambre

Withdraw (widdra:). Retirar dinero

Yellow (yélou). Amarillo

701 a 800 — Palabras clave del inglés americano

A. M. (éi em). Antes del mediodía

Amazed (eméizd). Sorprendido

Basket (bæsket). Canasta

Bicycle (báisikel). Bicicleta

Bill (bil). Billete

Boat (bóut). Bote

Boil (boil). Hervir

Book (buk). Libro

Boot (bu:t). Bota

Brake (bréik). Freno

Bread (bred). Pan

Cab (kæb). Taxi

Cheese (chi :z). Queso

Classified ad (klæsifaid æd). Aviso clasificado

Clothes (klóudz). Ropa

Coat (kóut). Abrigo

Commercial (kemé:rshel). Aviso publicitario

Condition (kendíshen). Condición

Couch (káuch). Sillón

Depend (dipénd). Depender

Desk (désk). Escritorio

Dessert. (dizé:rt). Postre

Detail (díteil). Detalle

Doubt (dáut). Duda

Dress (dres). Vestido

Entertainment (ene:rtéinment). Entretenimiento

Fall (fa:l). Caída

Fashion (fæshen). Moda

Field (fi:ld). Campo

Fill (fil). Llenar

Flight (fláit). Vuelo

Fork (fo:rk). Tenedor

Frozen (fróuzen). Congelado

Fruit (fru:t). Fruta

Fry (frái). Freír

Give back (giv bæk). Devolver

Give up (giv ap). Darse por vencido

Groceries (gróuseri:z). Víveres

Group (gru:p). Grupo

Grow (gróu). Crecer

Guess (ges). Suponer

Hole (jóul). Agujero

Homemade (jóumméid). Casero

Idea (aidíe). Idea

Introduce (intredu:s). Presentar

Iron (áiren). Hierro

Join (shoin). Unirse

Joke (shóuk). Chiste, broma

Lane (léin). Carril de una autopista

Less (les). Menos

Level (lével). Nivel

Match (mæch). Partido

Meal (mi:l). Comida

Meeting (mí:ting). Reunión

Menu. (ményu:). Menú

Mix (miks). Mezclar

Movement (mu:vment). Movimiento

Morning (mo:rning). Mañana

Nose (nóuz). Nariz

O'clock (eklá:k). En punto

On sale (a:n séil). En liquidación, rebajas

Order (á:rde:r). Ordenar

P.M. (pi: em). Después del mediodía

Pair (per). Par

Park (pa:rk). Parque

Picture (píkche:r). Foto

Plane (pléin). Avión

Police (pelí:s). Policía

Pound (páund). Libra

Powerful (páue:rfel). Poderoso

Prefer (prifé:r). Preferir

Priority (praió:reri). Prioridad

Reduce (ridú:s). Reducir

Refund (rífand). Reembolso

Reliable (riláiebel). Confiable

Responsible (rispá:nsibel). Responsable

Restaurant (résteren). Restaurante

Retire (ritáir). Jubilarse

Review (riviú:). Revisión

Sad (sæd). Triste

Salt (sa:lt). Sal

Scratch (skræch). Rascar

Square(skwér). Cuadrado

Stay (stéi). Quedarse

Steal (sti:l). Robar

Stranger (stréinshe:r). Desconocido

Style (stáil). Estilo

Sunglasses (sánglæsiz). Anteojos de sol

Swallow (swálou). Tragar

Swim (swim). Nadar

Tall (ta:l). Alto

Toll (tóul). Peaje

Traffic (træfik). Tránsito

Traffic light (træfik láit). Semáforo

Traffic sign (træfik sáin). Señal de tránsito

Turn (te:rn). Doblar

Turn off (te:rn a:f). Apagar

Turn on (te:rn a:n). Encender

Voice(vóis). Voz

Yield (yild). Ceder el paso

801 a 900 — Palabras clave del inglés americano

Alcohol (ælkeja:l). Alcohol

Antibiotic (æntibaiá:rik). Antibiótico

Apple (æpel). Manzana

Arm (a:rm). Brazo

Attend (eténd). Concurrir

Belt (belt). Cinturón

Blood (bla:d). Sangre

Body (ba:dy). Cuerpo

Breath (brez). Aliento

Cable (kéibel). Cable

Chair (che:r). Silla

Christmas (krísmes). Navidad

Clever (kléve:r). Inteligente

Cloud (kláud). Nube

Corner (kó:rne:r). Esquina

Cough (kaf). Toser

Cry (krái). Llorar

Degree (digrí:). Grado

Dentist (déntist). Dentista

Destroy (distrói). Destruir

Destruction (distrákshen). Destrucción

Disease (dizí:z). Enfermedad

Dizzy (dízi). Mareado

Double (dábel). Doble

Dream (dri:m). Soñar

Dust (dást). Polvo

Ear (ir). Oreja

Earth (érz). Tierra

Effect (ifékt). Efecto

Eye (ái). Ojo

Face (féis). Cara

Fasten (fæsen). Ajustarse

Feeling (fi:ling). Sentimiento

Fever (five:r). Fiebre

Final (fáinel). Final

Finger (fínge:r). Dedo de la mano

Fireman (fáirmen). Bombero

Fish (fish). Pez

Flu (flu:). Gripe

Foot (fut). Pie

Frightened (fráitend). Asustado

Grow up (gróu ap). Criarse, crecer

Guide (gáid). Guía

Guy (gái). Chicos/chicas, gente

Hair (jér). Pelo

Hang (jæng). Colgar

Headache (jédeik). Dolor de cabeza

Health (jélz). Salud

Homesick (jóumsik). Nostalgico/a

Immediate (imí:diet). Inmediato

Incredible (inkrédibel). Increíble

Knock (na:k). Golpear repetidamente

Lie (lái). Mentir

Liquid (líkwid). Líquido

Loan (lóun). Préstamo

Luck (lak). Suerte

Married (mérid). Casado

Medicine (médisen). Medicina

Message (mésish). Mensaje

Million (mílien). Millón

Nation (néishen). Nación

Neck (nek). Cuello

Newspaper (nu:spéiper). Diario

Nonresident (na:nrézident). No residente

Oil (óil). Aceite

Pack (pæk). Paquete

Pants (pænts). Pantalones largos

Parking lot (pa:rking lot). Estacionamiento

Patient (péishent). Paciente

Pharmacist (fá:rmesist). Farmacéutico

Play (pléi). Jugar

Proud (práud). Orgulloso

Red (red). Rojo

Rice (ráis). Arroz

Salad (sæled). Ensalada

Selfish (sélfish). Egoísta

Sensible (sénsibel). Sensato

Sensitive (sénsitiv). Sensible

Short (sho:rt). Corto

Skirt (ske:rt). Falda

Soap (sóup). Jabón

Socks (sa:ks). Calcetines

Sore (so:r). Dolorido

State (stéit). Estado

Suffer (sáfe:r). Sufrir

Sugar (shúge:r). Azúcar

Suitcase (sú:tkeis). Maleta

Sweet (swi:t). Dulce

Throat (zróut). Garganta

Tired (taie:rd). Cansado

Tomato (teméirou). Tomate

Tooth (tu:z). Diente

Upset (apsét). Disgustado

Vegetables (véshetebels). Verduras

Visit (vízit). Visitar

Weight (wéit). Peso

Well done (wel dan). Bien hecho

Wet (wet). Húmedo

Wine (wáin). Vino

Young (ya:ng). Joven

901 a 1000 — Palabras clave del inglés americano

Angry (ǽngri). Enojado

Background (bǽkgraund). Antecedentes

Case (kéis). Caso

Court (ko:rt). Corte

Cover (ká:ve:r). Cubrir

Cup (káp). Taza

Date (déit). Fecha

Death (déz). Muerte

Decision (disíshen). Decisión

Draw (dra:w). Dibujar

Drop (dra:p). Hacer caer

Envelope (énveloup). Sobre

Environment (inváirenment). Medio ambiente

Fit (fit). Quedar bien (una prenda)

Flower (flaue:r). Flor

Force (fo:rs). Forzar

Game (géim). Juego

Gold (góuld). Oro

Government (gáve:rnment). Gobierno

Guest (gést). Huésped

Homework (jóumwe:k). Tareas del estudiante

Honest (á:nest). Honesto

Illness (ílnes). Enfermedad

Injury (ínsheri). Herida

Judge (shash). Juez

Jump (shamp). Saltar

Justice (shástis). Justicia

Kill (kil). Matar

Kiss (kis). Besar

Knee (ni:). Rodilla

Knife (náif). Cuchillo

Landlord (lǽndlo:rd). Locador

Laugh (læf). Reír

Leg (leg). Pierna

Legal (lí:gel). Legal

Letter (lére:r). Carta

Love (lav). Amar

Magazine (mægezí:n). Revista

Mass (mæs). Masa

Meat (mi:t). Carne

Microwave oven (máikreweiv óuven). Horno a microondas

Milk (milk). Leche

Mirror (míre:r). Espejo

Model (má:del). Modelo

Movie (mu:vi). Película

Music (myu:zik). Música

Naturalization (næchera:laizéishen). Naturalización

Option (á:pshen). Opción

Ounce (áuns). Onza

Party (pá:ri). Fiesta
Pass (pæs). Pasar (atravesar)
Piece (pi:s). Porción
Pillow (pílou). Almohada
Poor (pur). Pobre
Pork (po:rk). Cerdo
Potato (petéirou). Papa
Pretty (príri). Bonito
Prison (prí:sen). Prisión
Recipe (résipi). Receta
Recommend (rekeménd). Recomendar
Relax (rilæks). Descansar
Ring (ring). Anillo
River (ríve:r). Río
Rude (ru:d). Maleducado
Satisfied (særisfáid). Satisfecho
Scale (skéil). Balanza
Sea (si:). Mar
Sheet (shi:t). Hoja de papel
Shine (sháin). Brillar
Shirt (shé:rt). Camisa
Shoe (shu:). Zapato
Shoulder (shóulde:r). Hombro
Shy (shái). Tímido.
Sign (sáin). Firmar
Size (sáiz). Talla

Skin (skin). Piel
Sky (skái). Cielo
Soccer (sá:ke:r). Fútbol
Song (sa:ng). Canción
Soup (su:p). Sopa
Special (spéshel). Especial
Sport (spo:rt). Deporte
Steak (stéik). Filete
Suppose (sepóuz). Suponer
Surprise (se:rpráiz). Sorpresa
Swear (swer). Jurar
Sweater (suére:r). Suéter
Taste (téist). Gusto
Ten (ten). Diez
Tennis shoes (ténis shu:z). Zapatos tenis
Thief (zi:f). Ladrón
Thunder (zánde:r). Truenos
Translator (trensléire:r). Traductor
Trespass (trespæs). Entrar ilegalmente
Trial (tráiel). Juicio.
T-shirt (ti: shé:rt). Camiseta
Umbrella (ambréle). Paraguas
University (yu:nivé:rsiri). Universidad
Wear (wer). Usar ropa
Widow (wídou). Viuda